Deutsch im Einsatz
German B
for the IB Diploma
Workbook

Sophie Duncker, Alan Marshall, Conny Brock

CAMBRIDGE
UNIVERSITY PRESS

University Printing House, Cambridge CB2 8BS, United Kingdom

One Liberty Plaza, 20th Floor, New York, NY 10006, USA

477 Williamstown Road, Port Melbourne, VIC 3207, Australia

314–321, 3rd Floor, Plot 3, Splendor Forum, Jasola District Centre, New Delhi – 110025, India

103 Penang Road, #05-06/07, Visioncrest Commercial, Singapore 238467

Cambridge University Press is part of the University of Cambridge.

It furthers the University's mission by disseminating knowledge in the pursuit of education, learning and research at the highest international levels of excellence.

Information on this title: www.cambridge.org/9781108440462

First published 2018

20 19 18 17 16 15 14 13 12 11 10 9

Printed in Great Britain by CPI Group (UK) Ltd, Croydon CR0 4YY

A catalogue record for this publication is available from the British Library

ISBN 978-1-108-44046-2 Paperback

Inhalt

1 Identitäten
1.1 Wer bin ich?

1 Wortschatz

Charaktereigenschaften

1 Welche Eigenschaft versteckt sich hinter diesen Aussagen? Wählen Sie die passende aus der Liste.

a Es gefällt mir immer, unter neuen Menschen zu sein.

b Er wird dir nicht verzeihen. So verliert er immer seine Freunde.

c Sie ist fest entschlossen, nach der Uni eine erfolgreiche Karriere zu haben.

d Mir ist egal, was du sagst, ich mache es trotzdem.

e Sie kauft bei jeder Gelegenheit Geschenke für ihre Freunde.

f Lass ihn nicht so viele Gläser tragen! Er zerbricht sie garantiert.

g Er mag es nicht, wenn seine Freundin mit anderen ausgeht.

h Wenn sie sieht, dass du Schwierigkeiten hast, wird sie sofort einschreiten.

EHRGEIZIG

EIFERSÜCHTIG

GROSSZÜGIG

HILFSBEREIT

IMPULSIV

KONTAKTFREUDIG

NACHTRAGEND

STUR

TEMPERAMENTVOLL

UNGESCHICKT

2 Manchmal werden bestimmte Charaktereigenschaften durch ein deutsches Sprichwort oder eine Redewendung illustriert oder unterstützt. Verbinden Sie den Ausdruck mit der Eigenschaft.

a Liebe macht blind

b Wo ein Wille ist, ist auch ein Weg

c Vom Regen in die Traufe

d Andere Länder, andere Sitten

e Er nimmt kein Blatt vor den Mund

f Sie bringt mich auf die Palme

g Er reißt sich ein Bein aus

ENTSCHLOSSEN

HILFREICH

NACHSICHTIG

NERVIG

TOLERANT

UNGLÜCKSSELIG

UNVERBLÜMT

3 Sie werden schon das *IB*-Lernerprofil kennen. Finden Sie die hier versteckten zehn Eigenschaften, die sich auf das Lernerprofil beziehen.

ana	auf	aus	be	chen	denk	dig	ein	en	en
fest	freu	fühl	ga	ge	ge	gie	giert	gli	ko
ko	lich	ly	nach	ope	pi	prin	rig	ra	ri
sam	schlos	sen	si	tisch	tiv	wiss	zi		

………………………………………   ………………………………………

………………………………………   ………………………………………

………………………………………   ………………………………………

………………………………………   ………………………………………

………………………………………   ………………………………………

2 Wortschatz

Wortbildung mit „Vor-"

Die Silbe „vor" wird oft einem Wort vorangestellt, um zu zeigen, dass etwas (zu) früh oder ohne das nötige Wissen passiert. Im Schülerbuch wird zum Beispiel im Text „Typisch Deutsch" unter anderem von „*Vorurteilen*" und „*Vorstellungen*" gesprochen. In den folgenden Sätzen fehlt ein Wort mit „Vor-" – wählen Sie von der Liste jeweils die richtige Ergänzung zu dieser Vorsilbe.

1 Er hat es etwas vor…………………………… gekauft, denn er hat es am nächsten Tag anderswo viel billiger gesehen.

2 Ich konnte den Bericht schnell zu Ende schreiben, weil meine Kollegin gute Vor…………………………… gemacht hat.

3 Er hat mir vor……………………………, wie man das Modell richtig zusammenbaut.

4 Nach der Vor…………………………… wollte ich den Film unbedingt sehen.

5 Ihre Mutter war sehr erfolgreich und damit ein sehr gutes Vor…………………………… für sie.

6 Sie konnte am Abend vor dem Urlaub kaum schlafen – die Vor…………………………… war einfach zu groß.

7 Gute Spanischkenntnisse sind eine Vor…………………………… für den Kurs.

8 Sein Vor…………………………… als Manager ist wegen Betrugs entlassen worden.

9 Man muss vor…………………………… damit umgehen, denn es ist sehr zerbrechlich.

10 Fluggäste mit Kleinkindern haben Vor……………………………

-SCHAU

-ARBEIT

-AUSSETZUNG

-BILD

-EILIG

-FREUDE

-GÄNGER

-GEMACHT

-RANG

-SICHTIG

3 Textverständnis

Oft kann man sich über die Persönlichkeit und den Charakter von Menschen anhand von Fotos eine Vorstellung bilden. Das gilt auch für den heutigen Trend zum Posten von Selfies. Hier ein Text zu einer Ausstellung über dieses Phänomen.

Villa Rot zeigt Ausstellung über Selfies und medialen Ego-Kult

Burgrieden: „Me, Myself & I" heißt die neue Ausstellung im Museum Villa Rot in Burgrieden. Dazu ist in der dortigen Kunsthalle Philip Akkermans „Bin ich?" zu sehen. Der Niederländer porträtiert seit 35 Jahren nur sich selbst.

„Cogito ergo sum" – ich denke, also bin ich? Das war einmal. Seit Erfindung des Smartphones gehört René Descartes' (1596–1650) Leitsatz zur Erkenntnisfähigkeit abgewandelt: „Ich knipse, also bin ich". Dabei geht es nicht mehr ums Sein, sondern ums Hier-, Dort-, Dagewesen-Sein. Denn die Selbstporträts, die der moderne Mensch im Minutentakt ins weltweite Netz stellt, zeigen nicht nur ihn oder sie selbst in meist stark selbstoptimierter Optik, sondern gern auch den Ort, an dem er oder sie sich gerade aufhält – und wo er oder sie eine Menge Spaß hat.

Die aktuell immer wieder in Ausstellungen aufgegriffene Selfie-Kultur ist keine digitale Variante des Familienalbums, das Erinnerungen festhalten soll, sondern repräsentiert die ständig aktualisierte Selbstdefinition via Internet-Community, ist eine öffentliche Imagepflege, die reklamehaft Aufmerksamkeit erzeugen soll.

Künstlerselbstporträts zu zeigen, von denen es seit der Renaissance eine reiche Vielfalt gibt, ist deshalb nicht das Anliegen von Museumsleiterin Stefanie Dathe. Vielmehr fragte sie sich bei der Vorbereitung der aktuellen Ausstellungen in der Villa Rot: „Wie haben sich die Selbstdarstellung und Selbstwahrnehmung in den vergangenen Jahren verändert? Seit es Smartphones mit guten Kameras gibt – und das Handy für junge Menschen zu einem Körperteil geworden ist?"

So geht nicht nur die Ausstellung „Me, Myself & I", die das Villa-Rot-Team in Teilen vom NRW-Forum in Düsseldorf übernommen hat, sondern auch die sie ergänzende und zunächst recht egozentrisch wirkende Ausstellung des niederländischen Künstlers Philip Akkerman über die Frage nach dem Selbst hinaus. Der dem Selfie gewidmete Teil auf zwei Stockwerken in der Villa führt vom Wie und Warum der Selbstdarstellung weiter zu Fragen nach den Grenzen der Kunst, Fragen des Urheberrechts, der Fälschung, virtueller Realitäten und der Intimsphäre.

Akkermans seit 1981 entstandene, vordergründig eindeutige Serie von Selbstporträts zeigt ebenfalls über das konkrete Motiv hinweg: „Vom Wandel des Ichs" verweise der in Den Haag geborene und lebende Maler auf „das Wunder des Seins, die Faszination darüber, dass wir da sind", erklärt Stefanie Dathe. Dass seine verschiedene kunstgeschichtliche Epochen spiegelnden Ölbilder dabei stets mehr oder weniger erkennbar sein eigenes Konterfei zeigen, sei eher Zufall. Der Künstler ist sich selbst als Motiv eben immer verfügbar. Quasi exemplarisch. So verbinde der 1957 geborene, Villa-Rot-Pressesprecher Marcel Hess zufolge „aus dem Punkbereich kommende" und „recht geerdete" Familienvater das Existentiellste mit dem Oberflächlichsten.

Superfiziell erscheint zunächst auch das, was der deutsche Promi-Fotograf Jonas Unger eingangs zeigt und was der renommierte Kunstkritiker Jerry Saltz als „Kunst am ausgestreckten Arm" bezeichnet: das Selfie. Nur dass Ungers am Rande von Foto-Shootings entstandene Selbstporträts via analoger Quick-Snap-Kamera entstanden, sich Jogi Löw, Ryan Gosling, Palina Rojinski und Karl Lagerfeld also selbst beim Selbstablichten nicht sehen konnten. Von diesen „blinden Selfies" leitet Hip-Hop-Phänomen MC Fitti mit seiner „#Selfiegott"-Büste über zum Celebrity-Kult, den die britische Foto- und Video-Künstlerin Alison Jackson mit gefälschten Paparazzo-Schnappschüssen auf die Schippe nimmt. Angela Merkel mit François Hollande beim Croissant-Frühstücken im Bett? Die Royals in der Badewanne oder mit Corgi-Sticker-Handy auf der Couch? Alles Fake, kunstvoll mithilfe von Doubles konstruierte Fiktion – wie so mancher Promi-Klatsch-Artikel in Boulevardmedien eben auch.

Claudia Reicherter, *Südwest Presse*

1 Wie heißt die Ausstellung des Niederländers?

....

2 „Ich knipse" beschreibt Folgendes:

    A ein Foto hochladen   C ein Foto machen

    B ein Foto bearbeiten   D sich für ein Foto aufstellen

3 Die Selfie-Kultur wird charakterisiert als

    A Ersatz für das Familienfotoalbum   C Eigenwerbung

    B vorübergehende Phase   D Wettkampf mit Freunden

4 Stefanie Dathe erkennt, dass

    A junge Menschen von Selfies besessen sind.

    B das Handy heutzutage bei jungen Menschen unentbehrlich ist.

    C Selfies zu einer neuen Kunstform geworden sind.

    D junge Menschen keine Künstlerporträts sehen wollen.

5 Die Selfie-Ausstellung

    A befindet sich im zweiten Stock des Museums.   C erstreckt sich über zwei Etagen.

    B wird als egozentrisch bezeichnet.   D kommt aus Holland.

6 Wann hat Akkerman begonnen, Selbstporträts zu malen?

....

7 „Konterfei" heißt hier

    A Stil   B Gesicht   C Name   D Erlebnis

8 Wie unterscheiden sich Jonas Ungers' Selbstporträts von den üblichen Selfies?

....

9 Alison Jackson nimmt Paparazzo-Fotos auf die Schippe. Das bedeutet,

    A sie kopiert die Fotos.

    B sie bearbeitet und verändert die Fotos.

    C sie macht sich mit eigenen Fotos darüber lustig.

    D sie kritisiert solche Fotos.

10 Was wird den Klatsch-Artikeln in der Presse vorgeworfen?

    A Dass manche erfunden sind.   C Dass es zu viele davon gibt.

    B Dass sie übertrieben sind.   D Dass sie nicht sehr
                                           kunstvoll sind.

4 Grammatik unter der Lupe

Vergleiche

1 Kennen Sie sich mit den unregelmäßigen Vergleichsformen aus? Füllen Sie die Lücken in den folgenden Sätzen aus. Verwenden Sie die richtigen Formen von *gern*, *gut*, *hoch*, *nah* und *viel*.

a Es gibt viele .... Berge in den Alpen. Das Matterhorn ist nicht so .... wie der Mont Blanc, aber es ist der .... Berg in der Schweiz. Es ist auch 500 m .... als der Großglockner in Österreich und sogar 1500 m .... als die Zugspitze in Deutschland.

b Goethe war als Schriftsteller sehr vielseitig. Er hat sehr bedeutende .... Romane geschrieben und noch .... Dramen, aber viele Leute finden sein lyrisches Werk ....

c Es kostet zwar ...., sich eine Wohnung in Frankfurt zu kaufen, aber es kostet .... in Hamburg und bei Weitem .... in München.

d Wenn man in Berlin wohnt und einen Meeresurlaub verbringen will, ist die Nordsee nicht unbedingt .... – sie ist 400 km entfernt. Die Ostsee ist viel ...., nur 150 km weg. Aber wer nur am Strand liegen will, muss nicht so weit fahren. .... sind die Badestrände mitten in Berlin, wie am Tegeler See oder am Wannsee.

e Wenn Angela Merkel nicht politisch zu beschäftigt ist, sieht sie .... Fußball, obwohl sie .... zu Hause im Garten arbeitet. .... kocht und backt sie. Ihre Lieblingsgerichte? Laut Zeitschrifteninterviews Kartoffelsuppe und Pflaumenkuchen.

2 Wenn man zwei Vergleiche in einem Satz verwenden will, benutzt man die Satzstruktur **je … desto** (oder **je … umso**).

Zum Beispiel: *Ich verdiene mehr Geld. Dann gebe ich mehr aus.*

➔   *Je mehr Geld ich verdiene, desto mehr gebe ich aus.*

Schreiben Sie die folgenden Satzpaare um.

a Man baut mehr Windparks. Man nutzt weniger Atomenergie.

....

b Es wird draußen kälter. Ich freue mich mehr darüber, dass ich heute keine Schule habe.

....

c Der Bergweg führt höher. Das Atmen wird schwieriger.

....

d Ich bitte meinen Nachbarn oft, die Musik leiser zu stellen. Er macht die Musik nur lauter.

....

e Die Flugtickets werden billiger. Das Verlangen nach Auslandsreisen wird größer.

....

3 Zu beachten:

Um eine Wiederholung der Komparativform zu vermeiden, benutzt man „immer" + **Komparativ**.

Also nicht: Die Hausaufgaben werden schwieriger und schwieriger.

Sondern: Die Hausaufgaben werden **immer schwieriger**.

5 Textsorte

Kurzgeschichte

Im Schülerbuch lesen Sie in Einheit 1.1 die Kurzgeschichte „Immer diese Ausländer". Unten finden Sie einige wichtige Merkmale einer Kurzgeschichte. Welche dieser Merkmale sind in „Immer diese Ausländer" vorhanden? Begründen Sie kurz Ihre Entscheidung.

1 Die Kurzgeschichte hat einen offenen Anfang, der mitten ins Geschehen einsteigt.

   Vorhanden? Ja/Nein   Begründung: ....

2 Alle wichtigen Fakten werden im ersten Abschnitt kurz dargestellt, z. B. die handelnden Personen.

   Vorhanden? Ja/Nein   Begründung: ....

3 Der Schluss ist offen und vielleicht der Höhepunkt des Geschehens.

   Vorhanden? Ja/Nein   Begründung: ....

4 Es gibt eine klare Erzählperspektive, mit wenigen Charakteren und einem einzelnen Handlungsstrang.

   Vorhanden? Ja/Nein   Begründung: ....

5 Die Geschichte will den Leser unterhalten, aber auch zum Nachdenken bringen.

   Vorhanden? Ja/Nein   Begründung: ....

6 Die Sprache ist fantasievoll und einfallsreich, z. B mit Wortspielen, Metaphern, Vergleichen sowie Adjektiven zur Beschreibung der Stimmung bzw. der Situation.

   Vorhanden? Ja/Nein   Begründung: ....

7 Es gibt ein klares Leitmotiv.

   Vorhanden? Ja/Nein   Begründung: ....

6 Schriftliche Übungen

1 Versetzen Sie sich in die Lage des ausländischen Mannes in der Kurzgeschichte aus dem Schülerbuch und schreiben Sie eine Kurzgeschichte aus der Perspektive des Mannes über die Begebenheit im Schnellrestaurant. Der Titel der Geschichte lautet: „Immer diese Deutschen …". Achten Sie auf die oben aufgelisteten Merkmale einer Kurzgeschichte.

2 Sie könnten auch andere Textsorten wählen, um die Perspektive des Mannes auszudrücken. Welche Textsorten würden passen? Begründen Sie Ihre Wahl.

7 Weiterdenken

Ein Austauschjahr bringt viele Vorteile, kann aber für manche Schüler auch eine echte Herausforderung sein. Was meinen Sie? Sind die folgenden Aspekte vorteilhaft – allgemein betrachtet und für Sie persönlich?

	Allgemein 😊/😟	Sie 😊/😟
1 Man wird gezwungen, selbstständiger zu sein.		
2 Man lernt neue Leute kennen.		
3 Man erlebt ein anderes Schulsystem, andere Lehr- und Lernmethoden.		
4 Man lebt für längere Zeit weit weg von der eigenen Familie.		
5 Man lernt eine andere Kultur kennen – Freizeit, Essen, Musik usw.		
6 Man muss in einem fremden Haushalt leben.		
7 Man hat weniger Kontakt mit dem eigenen Freundeskreis.		

8 Schriftliche Übungen

Wählen Sie für die folgenden Übungen jeweils eine passende Textsorte.

1   Vor dem Austauschjahr wollen Sie mit der Gastfamilie Kontakt aufnehmen. Sie wollen sich kurz vorstellen, aber auch einige ungeklärte Fragen stellen.

2   Sie sind angekommen und haben sich ein paar Tage eingelebt. Jetzt wollen Sie Freunden und Bekannten über Ihre Erlebnisse und ersten Eindrücke berichten.

3   Für die Austauschschule sind Sie der erste Austauschschüler und deswegen ein Kuriosum. Der Schuldirektor bittet Sie, den Schülern aus Ihrer Perspektive als Ausländer von Ihren Erlebnissen, Erfahrungen und Eindrücken zu erzählen und dabei für das Austauschprogramm zu werben.

1.2 Gesundheit und Wohlbefinden

1 Wortschatz

Gesunde Ernährung

1 Alles in Maßen – Setzen Sie die Wörter aus der Liste in die Satzlücken ein, um einige bekannte und weniger bekannte Ernährungstipps zu bilden.

a .... enthalten viel Vitamin A, und deswegen meint man, sie sind gut für die Augen.

b .... enthält Eisen und ist gut für das Blut.

c Kuchen sind voller ....

d Bananen haben wenig .... und sind gut gegen ....

e .... sind reich an Antioxidantien und daher gut für die Haut.

f .... enthält viel Kalzium und stärkt die Knochen.

g Schokolade gibt ...., aber nur kurzfristig.

h .... sind Gehirnnahrung – sie steigern das Denkvermögen.

APRIKOSEN

ENERGIE

KALORIEN

KÄSE

MÖHREN

ORANGEN

ROTWEIN

STRESS

ZUCKER

2 Setzen Sie die Wörter aus der Liste in die Satzlücken ein, um „Die 7 Toptipps eines Mediziners" zu vervollständigen. Es gibt mehr Wörter in der Liste, als Sie brauchen.

a Alle Mahlzeiten in Ruhe! Hektik hilft der .... nicht.

b Das Frühstück nicht vernachlässigen! Es ist ein wichtiger .... für den Tag.

c Möglichst 0,5 Liter Milch pro Tag trinken! Milch ist reich an .... und Kalzium.

d Obst und Gemüse gehören täglich auf den ....! Sie enthalten wichtige Vitamine, Mineralstoffe und Ballaststoffe.

e Für einen gesunden Erwachsenen sind 75 g Fett genug! Zu viel führt leicht zu ....

f Mindestens 1,5 Liter stilles Wasser pro Tag! Wasser hält fit, ist wichtig für den .... und hat auch keine Kalorien!

g Kurz vor dem Schlafengehen nichts essen! So vermeidet man eine gestörte ....

AUFTAKT

AUSGLEICH

DIÄT

EIWEISS

MAHLZEIT

NACHTRUHE

STOFFWECHSEL

TISCH

ÜBERGEWICHT

VERDAUUNG

2 Wortschatz

Wortbildung mit „nehmen"

1 In Cristabellas Blog im Schülerbuch geht es ums **Abnehmen** – im Sinne von **Gewicht verlieren**. Das Wort „abnehmen" hat aber viele Bedeutungen. Verbinden Sie die Sätze mit den Bedeutungen aus der Liste.

a Es klingelt! Kannst du *abnehmen*? Ich bin am Kochen.

b Du musst deine Brille *abnehmen*, wenn du ein Passfoto machen lässt.

i	weniger werden
ii	tragen

c Haben Sie nur noch drei Stücke Kuchen? Ich *nehme* Ihnen alle drei *ab*.

iii	(Telefon) antworten
iv	glauben

d Das Interesse an dieser Sendung hat so stark *abgenommen*, dass man keine neue Serie drehen wird.

v	kaufen
vi	entfernen

e Ich *nehme* dir die Geschichte mit dem Hund und deinen Hausaufgaben nicht *ab*.

f Soll ich dir die schwere Tasche *abnehmen*?

2 Das Wort „**nehmen**" und seine Ableitungen können auch mit anderen Vorsilben kombiniert werden. Setzen Sie die richtige Vorsilbe von der Liste in die Sätze ein.

AN	AN	AUF	AUS	BE	ENT	ENT	MIT	VER	VOR	ZU

a Du brauchst kein Taxi zum Bahnhof bestellen. Ich kann dich ………nehmen.

b ………genommen, Sie sind besorgte Eltern, dann werden Sie diese neue Regel begrüßen.

c Man kann aus dem Brief ………nehmen, dass er unzufrieden ist.

d Normalerweise darf man hier mit Jeans nicht hinein, aber heute machen wir eine ………nahme.

e Nach dem Verkehrsunfall will die Polizei den Lkw-Fahrer als Zeugen ………nehmen.

f Der Zeitungsartikel basiert mehr auf ………nahmen als auf Tatsachen.

g Sie hat mit ihrem Handy viele ………nahmen vom Schulkonzert gemacht.

h Als er aufgehört hat, regelmäßig zu laufen, hat er schnell ………genommen.

i Das Restaurant ist für eine Kindergeburtstagsfeier viel zu ………nehm.

j Die Kinobesucher haben sich über das ………nehmen einiger lauter Kinder beschwert.

k Er hat die DVD ohne mein Wissen aus dem Computer ………nommen.

3 Kreuzworträtsel

Berühmte Deutsche

Waagerecht

3 Filmschauspielerin und Sängerin mit Hollywood-Karriere

7 Seine 9. lieferte uns das Europalied

9 Aber er hat den Text des Europalieds geschrieben

10 Hat das erste Auto gebaut

12 Weltbekannt für Orgelmusik

13 Tennisspielerin

14 Sängerin mit vielen Luftballons

15 Pastor im 2. Weltkrieg

Senkrecht

1 Für die Reformation in der Kirche verantwortlich

2 Physiker und Mathematiker

4 Siebenmaliger Formel-Eins-Weltmeister

5 Letzter DDR-Staatschef

6 Hat Medizinern geholfen, Knochenbrüche zu erkennen

8 Hat ein berühmtes Tagebuch geschrieben

11 Kommunist, in London begraben

Bitte beachten: Im Kreuzwortraster werden Umlaute **ae** / **oe** / **ue** geschrieben.

4 Textverständnis

Wladimir Klitschko Adoptivdeutscher

Wladimir Klitschko wurde am 25. März 1976 in Semipalatinsk in der jetzigen Republik Kasachstan geboren und ist ehemaliger Boxweltmeister im Schwergewicht. Sein Vater war ein ukrainischer Offizier der Sowjetarmee, seine Mutter eine Lehrerin. Er hat einen älteren Bruder, Vitali, der ebenfalls Boxweltmeister im Schwergewicht war. Sowohl Wladimir als auch Vitali haben in der Ukraine Sportwissenschaften studiert und auch promoviert, weshalb Wladimir den Kampfnamen „Dr. Steelhammer" trägt. Beide Brüder sind in Deutschland sehr berühmt und auch beliebt; vorübergehend haben sie mit einem deutschen Boxveranstalter zusammengearbeitet und auch in Hamburg gelebt und trainiert.

Klitschko begann seine Karriere mit 14 Jahren und gewann als Amateur 112 Begegnungen bei nur sechs Niederlagen. 1993 wurde er in Saloniki Junioreneuropameister im Schwergewicht. Im Rahmen der Olympischen Spiele 1996 in Atlanta wurde er als erster weißer Boxer Gewinner der Goldmedaille in der Gewichtsklasse über 91 kg (Superschwergewicht) und daraufhin fing seine Profikarriere an.

Im deutschen Fernsehen sieht man die Klitschkos sehr häufig – seit November 2006 kämpft Wladimir Klitschko exklusiv beim TV-Sender RTL. Die deutsche Rockband Rammstein hat auf Anfrage von Klitschko das Lied „Sonne" geschrieben – es sollte ihm als Einmarschlied in die Boxarena dienen. Da Klitschko die Endfassung jedoch zu hart war, kam das Lied in diesem Kontext nie zum Einsatz. Die Klitschko-Brüder sind auch in verschiedenen deutschen Filmen aufgetreten (z. B. in „Keinohrhasen" und „Zweiohrküken"). Seit 2007 betreiben sie auch eine eigene Vermarktungsagentur (KMG) mit Sitz in Hamburg-Ottensen.

Sowohl Wladimir als auch Vitali Klitschko engagieren sich neben dem Sport auch für diverse Wohltätigkeitsprojekte. Sie haben einen Fonds für sozial benachteiligte Kinder gegründet und haben in Marokko und Brasilien Hilfsprojekte ins Leben gerufen. Außerdem unterstützen sie Schulungs- und Bildungsaktivitäten für Kinder in Afrika, Asien und Südamerika, weshalb sie von der UNESCO als „Heroes for Kids" ausgezeichnet wurden. Sie gelten überall als Vorbilder für Fairness, sportlichen Erfolg und Bildung; in Deutschland vergisst man manchmal fast, dass sie keine Deutschen sind.

1 Kreuzen Sie an, ob die folgenden Aussagen aufgrund des Textes richtig oder falsch sind.
Begründen Sie Ihre Antwort mit Informationen aus den ersten zwei Absätzen.

	Aussage	richtig	falsch
a	Klitschkos Vater war Soldat.	X	

Begründung: Offizier der Sowjetarmee ....

		richtig	falsch
b	Klitschko ist älter als sein Bruder.		

Begründung: ....

		richtig	falsch
c	Klitschko hat ein Universitätsstudium hinter sich.		

Begründung: ....

		richtig	falsch
d	Klitschko wohnt in Norddeutschland.		

Begründung: ....

		richtig	falsch
e	Klitschko war als Amateurboxer unbesiegt.		

Begründung: ....

		richtig	falsch
f	Klitschko ist nach seinem Olympiasieg Profi-Boxer geworden.		

Begründung: ....

2 Wählen Sie jeweils die richtige Antwort:

a Warum hat Rammstein ein Lied für ihn geschrieben? ☐

   I   Weil die Band seine Siege feiern wollte.

   II Weil er mit der Band einmal singen wollte.

   III Weil er ein Begleitlied für seine Kampfauftritte wollte.

   IV Weil die Fernsehanstalt Musik für die Boxsendungen wollte.

b Welche der folgenden Aktivitäten machen die Klitschko-Brüder *nicht* gemeinsam? ☐

   I   Als Schauspieler auftreten.

   II Schulen besuchen und Reden halten.

   III Globale Kinderprojekte unterstützen.

   IV Den eigenen Namen als Marke aufbauen.

1

3 Entscheiden Sie, welche Wörter aus der Liste unten rechts den Wörtern aus dem Text am besten entsprechen.

a ebenfalls ☐

b vorübergehend ☐

c daraufhin ☐

d Anfrage ☐

e aufgetreten ☐

f ausgezeichnet ☐

i Aufforderung   vii deshalb

ii geehrt   viii hervorragend

iii auch   ix eine Zeit lang

iv gezeigt   x beinahe

v Bitte   xii danach

vi erschienen   xiii provisorisch

5 Textverständnis

Johanna Spyri

Setzen Sie die Wörter unten in die Lücken ein, um diese kurze biografische Skizze zu vervollständigen.

1871	Autorin	die	Die	Geschwister	kam	lernen	mit
Nach	Sie	Sprachen	starb	um	und	wurde	zu	zwei

Johanna Spyri ist die bekannteste (1) .... der Schweiz. Sie

ist durch (2) .... Romanfigur Heidi berühmt geworden. Sie

(3) .... 1827 als Tochter eines Arztes (4) .... einer

Dichterin in Zürich geboren. (5) .... ihrem Schulabschluss verreiste

Spyri für (6) .... Jahre, um Französisch zu (7) ....,

bevor sie nach Hause zurückkehrte, (8) .... eine Zeit lang ihre kleinen

(9) .... zu unterrichten. Sie hat dann (10) ....

25 Jahren einen Juristen geheiratet. (11) .... begann relativ spät

im Leben (12) .... schreiben. Ihre erste Erzählung erschien

(13) ...., und das erste Heidi-Kinderbuch (14) ....

1879 heraus. Heidi war ein Riesenerfolg. (15) .... Bücher wurden

in über 50 (16) .... übersetzt und wiederholt verfilmt. Spyri

(17) .... 1901 in Zürich an Krebs.

6 Schriftliche Übung

Wählen Sie eine(n) der berühmten Deutschen aus dem Kreuzworträtsel, recherchieren Sie und schreiben Sie eine ähnliche kurze biografische Skizze.

7 Grammatik unter der Lupe

Konditionalsätze

Wenn ich Hunger habe, esse ich Schokolade.

Grundprinzip: **Wenn-Satz … Verb Komma Verb … Hauptsatz**

Oder auch: **Hauptsatz – Komma – Wenn-Satz (Verb am Ende)**

1   Schreiben Sie diese Sätze zu Ende:

    a   Wenn ich meine Freunde besuche, ...

    b   Wenn ich schulfrei habe, ...

    c   Wenn ich eine Erkältung habe, ...

Mit „**falls**" macht man die Bedingung weniger wahrscheinlich:

Wenn ich sie sehe, gebe ich ihr das Geld. (= ich glaube, dass ich sie sehe)

Falls ich sie sehe, gebe ich ihr das Geld. (= ich glaube nicht, dass ich sie sehe)

Man benutzt „**ob**", wenn es in dem Bedingungssatz zwei Möglichkeiten gibt:

Ich gehe ins Kino, wenn du mitkommst.

Ich gehe ins Kino, ob du mitkommst oder nicht.

2   Setzen Sie in diesen Sätzen **wenn**, **falls** oder **ob** ein.

    a   .... du reinfällst, bist du zu nah ans Flussufer gegangen!

    b   Du musst bald buchen, ... du einen Billigflug nach Amerika willst.

    c   Es hängt davon ab, wie teuer es ist, ... ich mit dem Bus oder mit dem Zug komme.

    d   Ich gebe dir meine Handynummer, ... du mich heute noch erreichen willst.

    e   Wir gehen ohne ihn, ... er bis 18 Uhr nicht hier ist.

Wenn es um eine mögliche Zukunft geht, benutzt man in beiden Satzteilen den Konjunktiv II:

Wenn ich reich wäre, würde ich ein neues Auto kaufen.

Wenn es aber um etwas Unmögliches (weil in der Vergangenheit und schon zu spät) geht, setzt man die Verbformen um einen Schritt zurück:

Wenn ich letzten Sommer das Geld gehabt hätte, wäre ich nach Neuseeland geflogen.

3   Schreiben Sie diese Sätze zu Ende.

    a   Wenn ich kein Geld hätte, ...

    b   Wenn ich meinen Traumurlaub machen könnte, ...

    c   Wenn ich vor 100 Jahren gelebt hätte, ...

    d   Wenn ich wieder 15 Jahre alt wäre, ...

    e   Wenn ich eine Woche auf einer einsamen Insel verbringen müsste, ...

    f   Wenn ich nicht begonnen hätte, Deutsch zu lernen, ...

    g   Ich hätte dir ein Geschenk gekauft, wenn ....

    h   Sie hätte ihren Job im Café nicht verloren, wenn ....

1.3 Werte und Glauben

---

1 Wortschatz

Extremes Wetter

1 Ein Unwetter hat indirekt zur kirchlichen Reformation geführt, aber Martin Luther musste nicht mit Anagrammen kämpfen. Lösen Sie diese Buchstabenrätsel und setzen Sie die Wörter passend in die Satzlücken ein.

LGEAH	HILBZTGALCS	AKORN	NOCLWHKREUB
TWEGIRET	TLFU	MUTLSUFTR	

a Das starke .... hat einen Stromausfall im Dorf verursacht.

b Die Hausbewohner versuchten, mit Sandsäcken die .... aufzuhalten.

c Nach dem .... waren die Straßen in der Stadtmitte überschwemmt.

d Ein großer Ast hat die Straße blockiert, nachdem der Baum von einem .... getroffen wurde.

e Der .... „Sebastian" hat Bäume ausgerissen und zu Dachschäden geführt, aber zum Glück gab es keine Verletzten.

f Die Autos wurden durch .... so groß wie Golfbälle beschädigt.

g Die historische Hamburger Speicherstadt hat jetzt Schutzmaßnahmen gegen eine .... getroffen.

2 Luther hatte beim Gewitter Angst und betete. Damals kannte man keine wissenschaftlich begründeten Verhaltenstipps. Hier finden Sie welche, doch die Wörter der Sätze sind leider vertauscht. Es gibt mehrere mögliche Lösungen, aber vergessen Sie nicht: Das Hauptverb steht als zweite Idee im Satz.

a Gebäude / möglich / man / aufsuchen / wenn / ein / sollte

b sind / zu / Bäume / besonders / vermeiden / hohe

c wegbleiben / Türmen / muss / von / man / Hügeln / und

d Abstand / absteigen / vom / und / davon / Fahrrad / sollte / halten / man

e nicht / wenn / nass / Regenschirm / man / auch / wird / man / den / sollte / benutzen

f es / ableitet / Auto / kann / Blitz / im / man / da / ruhig / bleiben / den

g weil / gut / sollte / sie / Strom / Metallobjekte / man / weiterleiten / anfassen / keine / den

h das / so / Wasser / wie / schnell / verlassen / Wassersportler / sollten / möglich

3 Auch zu Luthers Zeiten gab es viele Redewendungen, aber vielleicht nicht alle diese Ausdrücke zum Wetter. Verbinden Sie die Wendungen mit der jeweils passenden Bedeutung.

a die Ruhe vor dem Sturm	**i** sehr schnell
b ein Sturm im Wasserglas	**ii** von einer unangenehmen Lage/Situation in eine noch unangenehmere geraten
c Schnee von gestern	**iii** nicht mehr aktuell bzw. interessant
d vom Regen in die Traufe	**iv** große Aufregung um etwas Unbedeutendes
e wie ein geölter Blitz	**v** eine stille Zeit vor einem meist unangenehmen Ereignis

Schließlich ist noch anzumerken: Ein Stürmer kann bei jedem Wetter Tore schießen!

2 Grammatik unter der Lupe

Das Präteritum

Das Präteritum wird im Deutschen als schriftliche Erzählform des Verbs benutzt, wenn etwas in der Vergangenheit liegt. Deswegen kommt es so oft im Text „Luther, der Reformator" im Schülerbuch vor.

Auch hier gibt es regelmäßige Verben, zum Beispiel:

*Luther… **forderte** die Reformierung der katholischen Kirche.*

und unregelmäßige Verben, zum Beispiel:

*Luther **hielt** vor dem Reichstag eine berühmte Rede.*

Die unregelmäßigen Formen können Sie immer in Verblisten nachschlagen, aber Sie sollten die Gängigsten schon lernen.

1 Hier folgen zehn häufig benutzte unregelmäßige Verben. Füllen Sie die Tabelle aus. Versuchen Sie es zuerst, ohne nachzuschlagen.

Präsens (3. Pers. Sing.)	Präteritum (3. Pers. Sing.)	Partizip II
fällt		gefallen
	ging	
gibt		
		gekommen
lässt		
	nahm	
		gesehen
steht		
	trug	
		getroffen

2 Setzen Sie bei dieser Kurzbiografie von Pastor Martin Niemöller die Verben in die richtige Form.

Martin Niemöller .... (sein) ein deutscher Theologe und als Widerstandskämpfer gegen den Nationalsozialismus bekannt. Er .... (werden) am 14. Januar 1892 in Lippstadt geboren. Sein Vater .... (sein) Pfarrer. Nach dem Ersten Weltkrieg, in dem er als U-Boot-Kommandant .... (dienen), ... (studieren) er Theologie in Münster. Er .... (ziehen) mit seiner Frau 1931 nach Berlin. Als Pfarrer .... (unterstützen) er zuerst Hitlers NSDAP, aber schon 1933 .... (beginnen) er gegen den Führerstaat zu protestieren. Er .... (stellen) sich gegen die Ausgrenzung von Christen jüdischer Herkunft aus der Kirche. Dafür .... (erhalten) er Redeverbot und .... (werden) seines Pfarramtes enthoben. Er .... (predigen) aber weiter und .... (werden) mehrmals verhaftet. Er .... (verbringen) die Jahre 1937–1945 im Konzentrationslager und man .... (sehen) ihn weltweit als Verkörperung des ungebrochenen Widerstandes. Nach dem Krieg .... (bleiben) er in der Kirche und zunehmend in der Friedenspolitik aktiv, bis er im Alter von 92 Jahren in Wiesbaden .... (sterben).

Das folgende berühmte Zitat wird Niemöller zugeschrieben, obwohl die genaue Wortwahl und Reihenfolge der erwähnten verfolgten Gruppen oft variieren:

„Als die Nazis die Kommunisten holten, habe ich geschwiegen; ich war ja kein Kommunist. Als sie die Sozialdemokraten einsperrten, habe ich geschwiegen; ich war ja kein Sozialdemokrat. Als sie die Gewerkschafter holten, habe ich geschwiegen; ich war ja kein Gewerkschafter. Als sie mich holten, gab es keinen mehr, der protestieren konnte."

3 Das Präteritum ist auch bei einem kurzen Profil der eigenen Person nützlich, zum Beispiel um die Schulzeit zusammenzufassen. Setzen Sie in dem folgenden kurzen Text das richtige Verb aus der Liste im Präteritum ein.

Ich (a) .... am 27. Juli 1998 in Münster geboren und (b) .... 2004 in die Grundschule. Dort (c) .... ich vier Jahre und danach (d) .... ich auf das Mädchengymnasium. Den meisten Spaß (e) .... mir Kunst, und 2014 (f) .... ich einen Preis bei einem Malwettbewerb, obwohl das Zeichnen mir noch besser (g)...................... Im Jahr 2017 (h)...................... ich das Gymnasium mit dem Abitur und (i)...................... im Oktober mit dem Design-Studium an der Universität in Berlin.

BEGINNEN

BLEIBEN

GEFALLEN

GEWINNEN

KOMMEN

MACHEN

VERLASSEN

WECHSELN

WERDEN

4 Schreiben Sie jetzt Ihr eigenes kurzes Profil.

3 Textverständnis

Der Aberglaube ist die Poesie des Lebens

1 So hat Goethe seine Meinung dazu geäußert, dass Glücks- und Unglücksbringer auch bei den rationalsten Menschen eine Rolle im Leben spielen. Viele Vorstellungen des Aberglaubens gleichen sich fast überall auf der Welt, während andere von Land zu Land unterschiedlich sind. Häufig beruhen sie auf altem Volksglauben und haben einen religiösen Hintergrund.

2 In Deutschland löst die Zahl 13 bei vielen Menschen Angst und Unbehagen aus, und deswegen fehlt in Hotels oft die Zimmernummer 13. Besonders schlimm ist es, wenn der 13. Tag des Monats auf einen Freitag fällt. Die Unglückszahl ist in einigen anderen Ländern anders, aber dagegen hat die schwarze Katze fast weltweit einen schlechten Ruf, besonders wenn sie einem von links nach rechts über den Weg läuft. Im Mittelalter wurde die schwarze Katze mit Hexen und Magie assoziiert und daher mit Misstrauen betrachtet. Genauso muss der abergläubische Mensch aufpassen, wenn er eine aufgestellte Leiter sieht. Darunter hindurchzugehen, gilt als Herausforderung des Schicksals. Nicht nur aus dem verständlichen Grund, dass etwas herunterfallen könnte, sondern auch, weil das Dreieck von Wand, Boden und Leiter verletzt wird. Das Dreieck gilt nämlich als heilige Form. Die Religion steckt auch hinter der Überzeugung, dass ein zerbrochener Spiegel sieben Jahre Unglück bringt. Das Spiegelbild steht für die Seele, und so lange muss die Seele dann heilen.

3 Oft ist auch der Teufel im Spiel: So soll etwa ein umgestoßener Salzstreuer Unglück bringen. Dagegen kann man sich aber wehren, indem man danach eine Prise Salz über die linke Schulter wirft, denn das Salz landet dann in den Augen des Teufels. Der Teufel wird angeblich auch herbeigerufen, wenn man scharfe Gegenstände mit der Schneidseite nach oben hinlegt, und er steckt auch hinter der Ansicht, dass es Pech bringt, einen Regenschirm drinnen zu öffnen. Die Schirmspitze ist hier maßgeblich: Spitze Gegenstände dienen zur Abwehr des Teufels (und übrigens auch von Hexen), nicht jedoch von Freunden und Verwandten.

4 Es gibt fast ebenso viele abergläubische Glückssymbole und auch diese sind oft international. Die bekanntesten sind vielleicht das vierblättrige Kleeblatt, der Marienkäfer und das Hufeisen. Eva soll das Kleeblatt aus dem Paradies mitgenommen haben, aber die Logik diktiert auch, dass man eine Menge Glück braucht, um eins zu finden. Wenn man versucht, sein Glück zu manipulieren und vierblättrige Kleeblätter züchtet, dann soll das übrigens Unglück bringen. Aber der Marienkäfer ist im Garten zu begrüßen. Nicht umsonst wird er unter Landwirten als heiliges Geschenk betrachtet. Im Deutschen deutet auch der Name auf die Mutter Jesu. Seine Bedeutung als Glückssymbol hängt wohl auch mit den sieben Punkten zusammen, denn die Sieben gilt seit jeher als Glückszahl. Die Landwirtschaft ist im Aberglauben stark vertreten, weil sie im Lebensalltag früherer Zeiten eine zentrale Rolle spielte. Das Pferd war ein Symbol für Stärke und Kraft, und das Hufeisen schützt das Pferd. Man streitet jedoch darüber, ob ein nach oben offenes Hufeisen an der Wand als glücksfangender Brunnen oder als Symbol für Teufelshörner gilt. Neben dem Pferd ist auch das Schwein seit dem Mittelalter ein Symbol für Wohlstand, und in Deutschland kann man für jede Gelegenheit Glücksschweine kaufen. Im Deutschen bedeutet der Ausruf „Schwein gehabt!", dass man sich aus einer heiklen Situation retten konnte.

5 Einige Glücksbringer haben weniger mit der Landwirtschaft zu tun: Seeleute klopften beim Betreten eines Schiffes drei Mal auf Holz, um sich davon zu überzeugen, dass das Schiff solide gebaut war. Bei deutschen Polterabenden wird Porzellan zerschmettert, um böse Geister zu vertreiben und dem Ehepaar eine glückliche Zukunft zu sichern. Schornsteinfeger bringen in Deutschland Glück, weil sie als Kaminreiniger vor Brandgefahr in den alten Reetdächern schützten. Und der deutsche Brauch des Silvesterfeuerwerks hat eine sehr lange Tradition und sollte ursprünglich vor bösen Mächten schützen.

6 Das letzte Wort gehört aber dem mehrmaligen Formel-Eins-Weltmeister Michael Schumacher: „Ich bin eine Zeit lang von links ins Auto gestiegen, weil ich dachte, dass mir das Glück bringt. Irgendwann stieg ich von rechts ein und hatte genauso viel Glück."

Identitäten

1 Goethe meinte, dass der Aberglaube ☐

    A unsinnig ist.   C nur in der Literatur existiert.

    B unvermeidbar ist.   D keinen literarischen Wert hat.

2 Wählen Sie in den nächsten vier Sätzen jeweils ein passendes Wort **aus dem 2. Absatz**, um die Lücken zu füllen.

    a Viele Leute haben .... vor der Nummer 13.

    b Der schlechte .... der schwarzen Katze geht auf ihre Verbindung mit Hexen zurück.

    c Eine Leiter bildet mit dem Boden und der Wand ein heiliges ....

    d Manche Leute meinen, dass man seine .... im Spiegel sehen kann.

3 Wählen Sie die jeweils zutreffende Antwort.

    a Warum wirft man Salz über die Schulter? ☐

        I   Damit der Teufel darauf ausrutscht.   III Um den Teufel blind zu machen.

        II Weil Salz den Teufel verbannt.   IV Damit der Teufel bezahlt wird.

    b Welches dieser Küchenobjekte könnte den Teufel anlocken? ☐

        I   ein Flaschenöffner   III ein Schneebesen

        II ein Teesieb   IV ein Brotmesser

    c Um Unglück zu vermeiden, sollte man bei schlechtem Wetter den Regenschirm ☐

        I   erst draußen öffnen.   III nicht mit Freunden teilen.

        II auch als Hexenschutz benutzen.   IV in der rechten Hand halten.

4 Welche Glückssymbole **aus Absatz 4** werden in den nächsten drei Sätzen beschrieben? ☐

    a Reichtum wird traditionell damit verbunden: ....

    b Das sollte man lieber nicht im Garten anbauen: ....

    c Dieses Lebewesen zeigt, welche Rolle Zahlen im Aberglauben spielen: ....

5 Wählen Sie die jeweils zutreffende Antwort:

    a Wann wird traditionell Porzellan zerschmettert? ☐

        I   Vor dem Hochzeitstag.   III Beim Hochzeitsessen.

        II Draußen vor der Kirche.   IV Wenn das Ehepaar die Hochzeitsfeier verlässt.

    b Warum war die Brandgefahr in den Häusern in früheren Zeiten größer? ☐

        I   Weil die Leute nicht sehr vorsichtig waren.

        II Weil es keine Feuerwehr gab.

        III Weil die Dächer oft mit Reet gedeckt waren.

        IV Weil Schornsteinfeger zu teuer waren.

6 Was glauben Sie, wie Bergarbeiter traditionell prüften, ob die Stützbalken im Bergwerk in Ordnung waren?

    ....

    ....

7 Im Text gibt es einige Formulierungen, die zeigen, dass der Autor sich etwas vom Aberglauben distanziert. Können Sie diese nennen?

    ....

    ....

4 Schriftliche Übung

Sie haben einen Freund/eine Freundin, der/die Sie seit langem nervt, weil er/sie so abergläubisch ist. Sie werden bald beide an derselben Uni studieren und er/sie hat geschrieben, dass Sie zusammen eine Wohnung suchen sollten. Reagieren Sie auf diesen Vorschlag.

5 Grammatik unter der Lupe

Pronomen

Im Deutschen gibt es eine ganze Reihe von Formen der Anrede. Bei schriftlichen Übungen ist es besonders wichtig, die richtige Form zu wählen und diese dann auch konsequent anzuwenden.

Achtung: Grammatikalisch werden die 2. Person Singular und Plural verwendet (du/ihr), die 3. Person Plural („Sie" für eine <u>und</u> mehrere Personen) und bei großzügiger Auslegung kann man auch die 3. Person Singular mit „man" als Form der Anrede verstehen.

Benutzen Sie in den folgenden Sätzen die richtigen Formen der Personal-, Possessiv- und Reflexivpronomen.

1 Ich möchte .... alle dringend bitten, ... für den Aktionstag anzumelden. Schreiben .... bitte .... Namen auf die Liste hinten an der Wand.

2 Wie geht es ....? Hast .... vom Urlaub erholt? Und wie geht es .... Bruder nach dem Unfall? .... musst .... eine Zeit lang Sorgen gemacht haben.

3 Wenn .... unbedingt hier arbeiten will, muss .... bei der Bewerbung schon bemühen und .... Enthusiasmus zeigen, wenn .... ein Interview angeboten wird.

4 Liebe Mitschüler und Mitschülerinnen! .... solltet beim Klamottenkauf immer auf die Herkunft achten. Wenn .... heute nach Hause geht, kontrolliert .... Kleider im Schrank. .... werdet vielleicht staunen.

1.4 Wir und die Anderen

---

1 Wortschatz

Wortbildung mit Vorsilben

Im Schülerbuch finden Sie im Text über Menschen mit Migrationshintergrund viele Beispiele von Vokabeln mit Vorsilben. Es gibt im Deutschen **trennbare** und **untrennbare** Vorsilben. Diese gibt es nicht nur bei Verben, aber bei Verben müssen Sie besonders auf die trennbare Vorsilbe achten, weil sie manchmal vom Stammwort getrennt wird.

Textbeispiele (Shahin): „… *Eltern gezielt **angesprochen** werden*"

„… *Stolz, dass ich hier beim Finanzamt **anfange**"*

In einem Hautptsatz wäre das zweite Beispiel: *„Ich **fange** hier beim Finanzamt **an**"*

1 Suchen Sie weitere Beispiele von **trennbaren** Vorsilben im Text.

2 Es gibt auch im Text einige Vorsilben, die immer **untrennbar** sind. Drei solcher Vorsilben im Deutschen sind **be-**, **er-** und **ver-**. Finden Sie im Text Beispiele dafür.

3 Entscheiden Sie, ob in diesen Satzlücken die Vorsilbe **an-**, **ein-** oder **ver-** fehlt.

   a Du sollst mich kurz ………*rufen*, wenn du da bist.

   b Ich kann mich noch nicht darauf ………*lassen*, dass das Kätzchen seinen Weg nach Hause findet.

   c Sie mussten das Klavier ………*kaufen*, weil sie in der neuen Wohnung keinen Platz dafür hatten.

   d Der Film war so langweilig, dass ich im Kino fast ………*geschlafen* bin.

   e Bitte die Tür nicht ………*fassen*! Sie ist frisch gestrichen.

   f Lass die Kinder selbst entscheiden. Wir sollten uns lieber nicht ………*mischen*.

   g Hoffentlich werden sie uns ein besseres Hotelzimmer ………*bieten* als letztes Mal.

   h Das Geschäft wird ………*langen*, dass du einen Ausweis vorzeigst, wenn du Alkohol kaufen willst.

   i Wenn du das Fenster nicht schließt, dann kann jemand leicht ………*brechen*.

   j Wenn du keinen Stadtplan mitnimmst, wirst du dich schnell ………*laufen*.

4 Ibrahim bereitet sich mithilfe eines deutschen Bekannten auf ein Bewerbungsgespräch für ein Praktikum vor. Noch ist er unsicher, welcher Begriff stimmt. Wählen Sie für jede Lücke das richtige der drei Wörter aus der Liste.

„Ich danke Ihnen dafür, dass ich **(a)** ……………………… worden bin. Als

(b) ……………………… Pflegekraft kann ich in Ihrem Betrieb sicher dabei helfen, die

Lücken, die durch fehlende Mitarbeiter **(c)** ……………………… sind, zu füllen. Ein bisschen

bin ich schon mit der Kultur Deutschlands **(d)** ……………………… Zu meinen Stärken

gehört unter anderem, **(e)** ……………………… zu sein. Positiv an Ihrem Unternehmen ist, dass Sie (f) .... in der Probezeit zusätzlich auch noch Mentoren

zur Seite stellen. Meine Deutschkenntnisse haben sich in den letzten Monaten sehr

(g) ...., weil ich einen Sprachkurs (h) .... habe. Ich

würde mich freuen, wenn Sie den Praktikumsplatz mit mir (i) .... würden."

a eingeladen – ausgeladen – verladen	**f** Empfängern – Anfängern – Befängern
b bildete – ausgebildete – umgebildete	**g** verbessert – ausbessert – aufbessert
c entstanden – verstanden – bestanden	**h** ersucht – versucht – besucht
d betraut – ertraut – vertraut	**i** umsetzen – besetzen – einsetzen
e vorlässlich – anlässlich – verlässlich	

2 Grammatik unter der Lupe

Reflexive Verben

Da fehlt etwas! Fügen Sie das richtige Reflexivpronomen an der richtigen Stelle ein.

1 Meine Mutter hat beim Backen am Ofen verbrannt.

2 Freust du schon auf die nächsten Ferien?

3 Wenn Sie nicht beeilen, verpassen Sie den Bus.

4 Als sie nach der Schule nach Hause kam, hat sie schnell umgezogen.

5 Obwohl wir seit Jahren schon kennen, treffen wir nie außerhalb der Arbeit.

6 Man läuft Gefahr, einen Sonnenbrand zu bekommen, wenn man zu lange am Strand sonnt.

3 Wortschatz

Öffentliche Verkehrsmittel

In den folgenden Sätzen gibt es jeweils ein falsch zusammengesetztes Substantiv. Alle Wortteile sind hier vorhanden und jeweils eine Worthälfte ist richtig. Bringen Sie die Vokabeln in Ordnung.

1 Ich musste 20 Minuten im Regen an der Bushaltebahn warten.

2 Normalerweise muss man eine Treppe hinuntergehen, um in eine Gepäckstation zu gelangen.

3 In manchen Städten gibt es eine Straßenstelle mitten im Autoverkehr.

4 Bahnfahren heißt ohne gültige Fahrkarte fahren.

5 Wenn man in den Bus steigt, muss man seinen Einzelfahrschein am U-Bahn-Entwerter abstempeln lassen.

6 Wenn etwas unterwegs passiert, kann man immer die Schwarzbremse ziehen.

7 Auf den Zug wartet man auf dem Fahrkartensteig.

8 Im Zug kann man oft seine Tasche in der Notablage verstauen.

4 Wortschatz

Amtsdeutsch

1 Papierkram – rund ums Papier. Setzen Sie die Wörter aus der Liste passend in die Lücken ein.

Auch im digitalen Zeitalter sind Ämter wahre Schatzkisten für Schreibwarenliebhaber. Auf den Schreibtisch eines jeden anständigen Beamten gehören neben den üblichen (a) .... ausreichend (b) .... und ein (c) ...., um die Papiere zu sammeln, und natürlich ein (d) ...., um die Papiere auch abheften zu können. Unterlagen in Bearbeitung werden in (e) .... sorgfältig gestapelt oder in (f) .... in einem Regal oder im (g) .... aufbewahrt. Was außerdem nicht fehlen darf ist ein (h) ...., damit alle Dokumente offiziell beglaubigt werden können.

AKTENSCHRANK

BÜROKLAMMERN

HEFTER

LOCHER

MAPPEN

ORDNERN

STEMPELKARUSSELL

STIFTEN

2 Es ist kein Wunder, wenn Flüchtlinge nicht wissen, was die folgenden Dokumente sind. Sie sind aber alle bei der Wohnungssuche nützlich. Verbinden Sie das jeweilige Dokument mit der Kurzerklärung.

a Die Meldebescheinigung

b Die Kostenübernahme

c Die Mietschuldenfreiheitsbescheinigung

d Die Untervermietungserlaubnis

i belegt, dass man ein Zimmer in seiner Wohnung weitervermieten darf.

ii beweist, dass man in der Stadt wohnhaft ist.

iii bestätigt, dass die Behörden ein Zimmer im Hotel oder Wohnheim bezahlen werden.

iv belegt, dass man die Miete in einer vorigen Wohnung bezahlt hat.

3 Natürlich müssen nicht nur Migranten mit Beamtendeutsch kämpfen. Als Student wird man daran erinnert, alle Scheine, Zeugnisse und Diplome sorgfältig aufzubewahren, falls man sie zum Beispiel bei der Arbeitssuche vorlegen muss. Dafür gibt es im Behördendeutsch ein Wort mit acht Silben. Können Sie das Silbenrätsel lösen?

BRIN	ER	GUNGS	LEI	NACH	PFLICHT	STUNGS	WEIS

4 Jetzt versuchen Sie dieses kurze Quiz. Was bedeuten diese Ausdrücke?

a Raumübergreifendes Großgrün

    I Park   II Baum   III Golfplatz   IV Wald

b Nicht lebende Einfriedung

    I Zaun   II Krematorium   III Kirchhof   IV Sarg

c Personenvereinzelungsanlage

    I Einzelzelle im Gefängnis   III Drehkreuz

    II Fahrrad   IV Warteraum

d Betriebsmittelaufnahme

    I neue Mitarbeiter anstellen   III Getränke einkaufen

    II tanken   IV das Büro öffnen

e Bedarfsgesteuerte Fußgängerfurt

　I Fußgängerzone　　　　　III Fußgängerbrücke

　II Fußgängerunterführung　　IV Fußgängerampel

Und daran sollte man immer denken:

Persönliche Angaben zum Antrag sind freiwillig. Allerdings kann der Antrag ohne die persönlichen Angaben nicht weiterbearbeitet werden. (*Deutsches Postformular*)

---

5 Textverständnis

Der Umgang mit den Behörden wird nicht immer so schlimm, wie es dem Bankangestellten Josef K. in Kafkas „Der Prozess" geht, ist aber auch in humorvoller Form vom deutschen Liedermacher Reinhard Mey bearbeitet worden. Hier der Liedtext.

Das Dokument im Titel ist natürlich nicht ernst gemeint. Sie sollten sich nicht abschrecken lassen, wenn die Zeilen 7–10 schwer zu verstehen sind.

Einen Antrag auf Erteilung eines Antragsformulars

Mein Verhältnis zu Behörden war nicht immer ungetrübt
Was allein nur daran lag, dass man nicht kann, was man nicht übt
Heute geh' ich weltmännisch auf allen Ämtern ein und aus
Schließlich bin ich auf den Dienstwegen so gut schon wie zu Haus
Seit dem Tag, an dem die Aktenhauptverwertungsstelle Nord
Mich per Einschreiben aufforderte: „Schicken Sie uns sofort

Einen Antrag auf Erteilung eines Antragsformulars
Zur Bestätigung der Nichtigkeit des Durchschriftexemplars
Dessen Gültigkeitsvermerk von der Bezugsbehörde stammt
Zum Behuf der Vorlage beim zuständ'gen Erteilungsamt."

Bis zu jenem Tag wusst' ich nicht einmal, dass es sowas gab
Doch wer gibt das schon gern von sich zu, so kramt' ich was ich hab'
An Papier'n und Dokumenten aus dem alten Schuhkarton.
Röntgenbild, Freischwimmerzeugnis, Parkausweis und Wäschebon
Damit ging ich auf ein Amt, aus all den Türen sucht' ich mir
Die sympathischste heraus und klopfte an: „Tag, gibt's hier

Einen Antrag auf Erteilung eines Antragsformulars
Zur Bestätigung der Nichtigkeit des Durchschriftexemplars
Dessen Gültigkeitsvermerk von der Bezugsbehörde stammt
Zum Behuf der Vorlage beim zuständ'gen Erteilungsamt?"

„Tja", sagte der Herr am Schreibtisch, „alles was Sie wollen, nur
Ich bin hier Vertretung, der Sachbearbeiter ist zur Kur
Allenfalls könnte ich Ihnen, wenn Ihnen das etwas nützt
Die Broschüre überlassen, 'Wie man sich vor Karies schützt'
Aber fragen Sie mal den Pförtner, man sagt, der kennt sich hier aus."
Und das tat ich dann: „Ach bitte, wo bekommt man hier im Haus

Eine Antragsformulierung, die die Nichtigkeit erklärt
Für die Vorlage der Gültigkeit?... ne, ne halt, das war verkehrt
Dessen Gültigkeitsbehörde im Erteilungszustand liegt ...
Naja Sie wissen schon, so'n Zettel, wissen Sie, wo man den kriegt?"

„Da sind Sie hier ganz und gar verkehrt, am besten ist, Sie geh'n
Zum Verlegungsdienst für den Bezirksbereich, Parkstraße Zehn
In die Abwertungsabteilung für den Formularausschuss
Bloß beeil'n Sie sich ein bisschen, denn um zwei Uhr ist da Schluss
Dort bestell'n Sie dann dem Pförtner einen schönen Gruß von mir
Und dann kriegen Sie im zweiten Stock, rechts, Zimmer Hundertvier

Einen Antrag auf Erteilung eines Antragsformulars
Zur Bestätigung der Nichtigkeit des Durchschriftexemplars
Dessen Gültigkeitsvermerk von der Bezugsbehörde stammt
Zum Behuf der Vorlage beim zuständ'gen Erteilungsamt."

In der Parkstraße Zehn sagte mir der Pförtner: „Ach, zu dumm
Die auf Hundertvier stell'n seit zwei Wochen auf Computer um
Und die Nebendienststelle, die sonst Härtefälle betreut
Ist seit elf Uhr zu, die feiern da ein Jubiläum heut'
Frau Schlibrowski ist auf Urlaub, tja, da bleibt Ihnen wohl nur
Es im Neubau zu probier'n, vielleicht hat die Registratur

Einen Antrag auf Erteilung eines Antragsformulars
Zur Bestätigung der Nichtigkeit des Durchschriftexemplars
Dessen Gültigkeitsvermerk von der Bezugsbehörde stammt
Zum Behuf der Vorlage beim zuständ'gen Erteilungsamt."

Ich klopfte, trat ein und ich spürte rote Punkte im Gesicht
Eine Frau kochte grad' Kaffee, sie beachtete mich nicht
Dann trank sie genüsslich schlürfend, ich stand dumm lächelnd im Raum
Schließlich putzte sie ausgiebig einen fetten Gummibaum
Ich räusperte mich noch einmal, dann schrie ich plötzlich schrill
Warf mich trommelnd auf den Boden und ich röchelte: „Ich will

Meinen Antrag auf Erteilung eines Antragsformulars
Zur Bestätigung der Nichtigkeit des Durchschriftexemplars
Dessen Gültigkeit..., ach wissen Sie, Sie rost'ge Gabel Sie
Nageln Sie sich Ihr Scheißformular gefälligst selbst vor's Knie!"

Schluchzend robbt' ich aus der Tür, blieb zuckend liegen, freundlich hob
Mich der Aktenbote auf seinen Aktenkarren und schob
Mich behutsam durch die Flure, spendete mir Trost und Mut
„Wir zwei roll'n jetzt zum Betriebsarzt, dort wird alles wieder gut!
Ich geb' nur schnell 'nen Karton Vordrucke bei der Hauspost auf
Würden Sie mal kurz aufstehen, Sie sitzen nämlich gerade drauf
Das ist ein Posten alter Formulare, die geh'n ans Oberverwaltungsamt zurück
Da sollen die jetzt eingestampft werden, das sind diese völlig überflüssigen

Anträge auf Erteilung eines Antragsformulars
Zur Bestätigung der Nichtigkeit des Durchschriftexemplars
Dessen Gültigkeitsvermerk von der Bezugsbehörde stammt
Zum Behuf der Vorlage beim zuständ'gen Erteilungsamt."

Reinhard Mey, 1977

1 Was sagt der Autor anfangs über seine frühere Erfahrung mit Beamten?

    A Er war sehr erfahren.   C Er hatte selten Kontakt.

    B Er hatte immer Angst davor.   D Er hatte nie Probleme.

2 Was heißt „auf den Dienstwegen"?

    A Bei den verschiedenen Ämtern.   C Bei der Arbeit.

    B Auf den Straßen zwischen Amtsstellen.   D Mit den verschiedenen Formularen.

3 Warum hat er nicht zugegeben, dass er das Formular nicht kannte?

    A Das wäre strafbar.   C Er dachte, er würde es finden.

    B Es war ihm peinlich.   D Er wollte die Beamten nicht ärgern.

4 Der erste Beamte, mit dem er gesprochen hat,

    A hat ihm einen Amtwegweiser gegeben.   C hat ihn zu einem anderen Zimmer geschickt.

    B war sehr unfreundlich.   D war nur vorübergehend da.

5 Wen hat er als Nächstes gefragt?

    A Den Mann im Nebenzimmer.   C Den Abteilungsleiter.

    B Den Mann am Haupteingang.   D Den Mann im Warteraum.

6 Er wird zu einem anderen Amt geschickt. Warum muss er schnell sein?

    A Weil heute der Abgabetermin ist.   C Weil das Amt nachmittags zu hat.

    B Weil er am Nachmittag zur Arbeit muss.   D Weil der Bus dahin gleich abfährt.

7 Was ist im Zimmer 104 das Problem?

    A Neue Computer werden installiert.   C Die Beamtin im Zimmer 104 ist im Urlaub.

    B Es ist in den Neubau verlegt worden.   D Es war nur bis 11 Uhr auf.

8 Womit war die Frau im Neubau beschäftigt?

    A Akten einzuordnen.   C Sich ein Getränk zu machen.

    B Eine andere Frau zu beraten.   D Staubzusaugen.

9 In welcher Stimmung hat er das Zimmer verlassen?

    A erheitert   B verzweifelt   C beruhigt   D entrüstet

10 Wohin wollte ihn die nächste Person bringen?

    A zur Hintertür   B zur Post   C zum Fahrstuhl   D zum Arzt

11 Was ist am Schluss ironisch?

....

....

---

1 Textverständnis

Yadé Karas Roman „Selam Berlin" erhielt 2004 den Deutschen Bücherpreis für das beste Debüt und den Adelbert-von-Chamisso-Förderpreis für deutschsprachige Literatur von Autoren, die nicht-deutscher Sprachherkunft sind. Ihr Roman schildert das Leben des 19-jährigen Berlin-Türken Hasan Kazan zur Zeit der Wende.

Selam Berlin

Ich erstarrte vor dem Fernseher. Vor mir liefen Bilder von einem anderen Stern. Nach einigen Lichtjahren kam ich dann endlich zu mir und begann langsam zu verstehen, was da geschah. Es war eine Revolution. Ja, genau – eine Revoooluuutiiion in Beeerliiin!

Plötzlich standen Straßen, Plätze, Orte meiner Kindheit im Interesse des Weltgeschehens. Autos hupten, Leute brüllten, grölten, jubelten und feierten bis spät in die Nacht. Sie tanzten, lachten und sangen auf ein neues Berlin. […] ⟨5⟩

Baba schaltete von einer Nachrichtensendung zur anderen. Dabei zog er nervös an seiner Perlenkette und zündete eine Zigarette nach der anderen an. Was er selten tat. Mama knurrte leise was von Qualm und neuen Gardinen vor sich hin. Normalerweise hätte sie es über den Bosporus hinaus geschrien, so daß man es auf der asiatischen Seite gehört ⟨10⟩ hätte. Aber an diesem Abend schien sie von der Intensität Babas eingeschüchtert zu sein. Was ungewöhnlich war. Überhaupt war dieser ganze Novemberabend ungewöhnlich. Mama saß kerzengerade vor dem Fernseher und verfolgte alles. Das letzte Mal, daß sie sich für ein Ereignis so interessiert hatte, war bei der Direktübertragung der Hochzeit von Charles und Diana, im Sommer 1981. Damals hatte sie mit den Frauen aus dem deutschen ⟨15⟩ Verein „Die Brücke" sämtliche Schachteln türkischen Honig leer geputzt. Der Verein war gut organisiert, und das mochte Mama. Schließlich war es auch das einzig Organisierte in ihrem Leben. Sonst hatte ich immer das Gefühl, daß alles andere bei Mama auf der Kippe stand; irgendwie war alles transit bei ihr.

Aber diesmal war es anders: Mama aß weder türkischen Honig noch Schokolade, trank ⟨20⟩ keinen Tee und vergaß sogar das Abendessen im Backofen. Sie schien zu fasten, was ein Durchbruch in ihren Dauerdiäten gewesen wäre. Sie verteidigte heftig ihre runde Figur. „Ich bin Orientalin und keine Schwedin", sagte sie immer. Damit meinte Mama, daß sie dem osmanischen Schönheitsideal folgte und nicht den blonden Barbie Bimbos des Westens.

Für Mama hörte Europa südlich der Alpen auf. Alles darüber war für sie zu nordisch und zu ⟨25⟩ kühl. Baba ging in Opposition. Für ihn begann Europa nördlich der Alpen. Er mochte die Ordnung und Sicherheit auf deutschen Autobahnen. Ihm gefielen die sauberen Straßen und tüchtigen Leute. Vor allem mochte er die zuverlässigen Behörden und Bürokraten. In Istanbul rastete Baba jedesmal aus, wenn er mit schlampigen und korrupten Behörden zu tun hatte. Sie brachten ihn an den Rand eines Herzinfarktes. ⟨30⟩

Über dieses Thema gerieten meine Eltern sich oft in die Haare, und meistens endete es in der Grundsatzfrage: Wo sollen wir leben? In Berlin oder in Istanbul? Meine Eltern waren ein Nord-Süd-Gefälle.

Yadé Kara, „Selam Berlin"

Anmerkung: Da es sich hier um ein Beispiel aus der Literatur handelt, wurde die Orthografie beibehalten, die zur Zeit des Schreibens korrekt war, z. B. *daß* statt heute *dass* und *jedesmal* statt *jedes Mal*.

1   Wie würden Sie die Gefühle der drei Personen über die Geschehnisse in der Stadt charakterisieren? Welches Wort von der Liste rechts passt am besten?

a   Hasan   ☐

b   Baba   ☐

c   Mama   ☐

i   gespannt

ii   bestürzt

iii   gleichgültig

iv   beunruhigt

v   aufgeregt

vi   verängstigt

2   Kreuzen Sie an, ob die folgenden Aussagen aufgrund des Textes richtig oder falsch sind. Begründen Sie Ihre Antwort mit Informationen aus dem Text.

	richtig	falsch
a Hasan hat die Leute auf der Straße im Fernsehen beobachtet.	X	☐

Begründung: *Ich erstarrte vor dem Fernseher. Vor mir liefen Bilder.*

	richtig	falsch
b Hasan musste erst nachdenken, bevor ihm klar wurde, was in der Stadt los war.	☐	☐

Begründung: ....

	richtig	falsch
c Der Vater war immer Kettenraucher.	☐	☐

Begründung: ....

	richtig	falsch
d Die Mutter hat gewöhnlich keine Bedenken, mit ihrem Mann laut zu streiten.	☐	☐

Begründung: ....

	richtig	falsch
e Die Mutter hat in Berlin nur Kontakt mit ihren eigenen Landsleuten.	☐	☐

Begründung: ....

	richtig	falsch
f Die Mutter ist mit ihrem Gewicht nicht zufrieden.	☐	☐

Begründung: ....

	richtig	falsch
g Der Vater regt sich immer über seine Landsleute in den türkischen Ämtern auf.	☐	☐

Begründung: ....

3 Entscheiden Sie, welche Wörter in der rechten Spalte den Wörtern aus dem Text in der linken Spalte am besten entsprechen.

a	knurrte (Z. 9)		i	aufgegessen	viii	flüsterte
b	Qualm (Z. 9)		ii	außer Acht	ix	langsamen
c	eingeschüchtert (Z. 11)		iii	bedenken	x	nachlässigen
d	leer geputzt (Z. 16)		iv	beruhigt	xi	Rauch
e	auf der Kippe (Z. 18)		v	brummte	xii	sauber gemacht
f	tüchtigen (Z. 28)		vi	faulen	xiii	ungewiss
g	schlampigen (Z. 29)		vii	fleißigen	xiv	verängstigt

4 Aufgrund des Auszugs, inwiefern meinen Sie, dass die drei Personen sich in Berlin bzw. Deutschland eingelebt haben?

....

....

2 Textverständnis

Im Schülerbuch gibt es einen Artikel über das Liebespaar Katja und Robin, die unter der Grenze litten. Lesen Sie nun ein weiteres Interview, das sich mit dem geteilten Deutschland beschäftigt. Im folgenden Interview spricht Marianne B. aus Spremberg über ihr Leben in der DDR.

[-a-]

M.B.: Eine Hälfte meiner Familie stammt aus dem Westen, die andere aus dem Osten. Mein Vater kommt aus dem Ruhrgebiet, genauer gesagt aus Mülheim an der Ruhr. Seine Eltern, Schwestern, Brüder, alle lebten dort. Meine Mutter ist aus dem Osten, aus Altenburg, und später sind wir dann nach Leipzig gezogen. Opa Max, Muttis Vater, war bei seiner Geburt noch tschechischer Staatsbürger – sein Vater wurde später eingedeutscht. Wir haben also auch einen Migrationshintergrund.

[-b-]

M.B.: Die Mauer war für uns allgegenwärtig. Meine Mutter hatte keine Geschwister und Vatis Verwandte waren ja alle im Westen. Sogar während des Mauerbaues im August 1961 waren meine Mutter und ich noch dort, mein Vater war schon wieder zu Hause im Osten, sein Urlaub war früher zu Ende gewesen.

Das Leben mit der Gewissheit der Existenz der Mauer war recht bedrückend. Man hat oft überlegt, wie es wäre, bei Vatis Familie vor der Tür zu stehen und zu klingeln. Jedes Mal, wenn wir meine Tante Püppe, die uns mehrmals besuchen durfte, zur Bahn brachten, musste meine Mutter weinen, weil sie nicht wusste, ob sie diese wiedersieht.

[-c-]

M.B.: Er hatte sich in Sachsen seit 1930 gut eingelebt und wollte seine schon älteren Schwiegereltern nicht im Stich lassen. Er war außerdem der Meinung, es müsse auch im Osten jemand die Arbeit machen.

[-d-]

M.B.: Ziemlich normal für DDR-Verhältnisse, ich kann mich eigentlich nicht [20]
beschweren. Meine Schule, die Thomasschule, die für ihren Thomanerchor
bekannt ist, war recht unpolitisch, es kam auch immer auf die Lehrer an. Ich
war Jungpionier und dann in der FDJ, da trat man automatisch ein. Wenn man
nicht eingetreten wäre, dann wäre es sehr schwer geworden, zur Erweiterten
Oberschule – so hieß in der DDR das Gymnasium – zu kommen und das Abitur zu [25]
machen.

[-e-]

M.B.: Nein. Klar, man wusste, dass sie existiert und wusste von einigen, die für die
STASI arbeiten, aber ich habe mich unauffällig verhalten.

[-f-]

M.B.: Nein, das interessiert mich auch nicht. Das ist Vergangenheit. Außerdem
bezweifle ich, dass da was Interessantes drinsteht – sonst hätten sie mich ja auch [30]
nicht mehrmals in den Westen fahren lassen.

[-g-]

M.B.: Nein, nie, das war mir zu riskant. Ich wollte meine Familie, meine kleine
Tochter, nicht zurücklassen. Ich kannte allerdings einige, die in den 60ern, also
noch ganz früh, in den Westen geflüchtet sind.

[-h-]

M.B.: 1986 durfte ich zu Tante Püppes 76. Geburtstag nach Mülheim reisen. [35]
Es war eine nervenaufreibende Angelegenheit, da ich nach Antragsstellung
erst am Tag vor der Abreise erfuhr, dass ich fahren durfte. Danach durfte ich
zweimal jährlich und zwar 1987, 88 und 89 in den Westen fahren, ich hatte jedes
Mal Glück. Trotzdem habe ich bis heute ein komisches Gefühl, wenn ich hier in
Spremberg an der Kantstraße vorbeifahre, wo einem Bescheid gegeben wurde, ob [40]
man fahren darf oder nicht.

[-i-]

M.B.: Wir waren daheim, haben ferngeschaut und uns gewundert, was passiert.
Wir haben es einfach nicht fassen können.

[-j-]

M.B.: Alles ist zusammengekracht. Auf einmal hatte man keine Arbeit mehr und du
musstest sehen, wie du klarkommst. Einerseits konnte man endlich reisen, wohin [45]
man wollte, aber man hatte kein Geld mehr, um sich das leisten zu können.

[-k-]

M.B.: Ich kaufe immer noch Ostprodukte, z. B. das Abwaschmittel Fit, Zucker aus
Zeitz und Bautzner Senf, aber nur, weil ich es so gewöhnt bin. Das hat nichts mit
Ideologie zu tun.

[-l-]

M.B.: Die Komödie „Good-Bye, Lenin!" ist ziemlich amüsant. Ich musste vor [50]
allem bei der Szene mit den Gewürzgurken schmunzeln, die essen wir heute auch
noch. Der Spreewald ist bei uns ganz in der Nähe. Eine Datsche, also ein kleines
Wochenendhaus, besitzen wir bis heute, da verbringen wir seit Jahren unsere
Wochenenden und einen Teil der Sommerferien.

2

Erfahrungen

1 Im Interview fehlen die Fragen der Interviewerin. Wählen Sie aus der Liste unten rechts die Fragen, die am besten auf die Antworten passen, und schreiben Sie die römische Zahl in die Kästchen.

a ☐   i   Wie haben Sie die Wende, also den Abend des 9. November 1989, erlebt?

b ☐   ii   Was denken Sie über filmische Versuche, das Leben in der DDR darzustellen?

c ☐   iii   Inwiefern war Ihre Familie betroffen?

d ☐   iv   Haben Sie je Erfahrung mit der STASI gemacht?

e ☐   v   Wie haben Sie die Zeit nach der Wiedervereinigung erlebt?

f ☐   vi   Wann durften Sie Ihre Familie im Westen besuchen?

g ☐   vii   Den Begriff Ostalgie hört man des öfteren. Wie stehen Sie dazu?

h ☐   viii   Warum blieb Ihr Vater in der DDR?

i ☐   ix   Haben Sie in Erwägung gezogen, in den Westen zu fliehen?

j ☐   x   Haben Sie je Ihre Stasi-Akten nach der Wende gelesen?

k ☐   xi   Wie war Ihre Jugend in der DDR?

l ☐   xii   Welche Rolle hat das geteilte Deutschland für Sie persönlich gespielt?

2 Bei den folgenden Aussagen kreuzen Sie an, ob sie aufgrund des Textes richtig oder falsch sind. Begründen Sie Ihre Antwort mit Informationen aus dem Text.

		richtig	falsch
a	Marianne B's Mutter ist Einzelkind.	X	☐

Begründung: _Meine Mutter hatte keine Geschwister._

b   Im Jahr 1961 besuchte sie mit ihren Eltern ihre Verwandten in Mülheim.   ☐ ☐

Begründung: ....

c   Die Staatssicherheit bereitete ihr ab und zu Probleme.   ☐ ☐

Begründung: ....

d   Mehrere Jahre hintereinander durfte sie in den Westen reisen.   ☐ ☐

Begründung: ....

e   Mit der Wende kam die Arbeitslosigkeit.   ☐ ☐

Begründung: ....

f Aufgrund ihrer Loyalität zur DDR kauft sie bis heute Ostwaren. ☐ ☐

Begründung: ....

g Eine Flucht in den Westen kam für sie nie in Frage. ☐ ☐

Begründung: ....

h Das ostdeutsche Wochenendhaus ist die einzige Gemeinsamkeit
   mit dem Film „Good Bye, Lenin!" ☐ ☐

Begründung: ....

3 Bestimmen Sie, worauf sich die unterstrichenen Wörter beziehen und tragen Sie sie in die
   rechte Spalte ein.

Im Text …	bezieht sich das Wort …	auf …
a Seine Eltern, Schwestern, Brüder, alle lebten dort. (Z. 3)	„dort"	Mülheim an der Ruhr
b weil sie nicht wusste, ob sie diese wiedersieht (Z. 16)	„diese"	
c die Thomasschule, die für ihren Thomanerchor bekannt ist (Z. 21)	„die"	
d sonst hätten sie mich ja auch nicht mehrmals in den Westen fahren lassen. (Z. 30)	„sie"	
e da verbringen wir seit Jahren unsere Wochenenden und einen Teil der Sommerferien. (Z. 53)	„da"	

2.2 Eine kulinarische Reise

---

1 Wortschatz

Regionale Gerichte

1   Ab in die Weihnachtsbäckerei! Setzen Sie aus den zwei Worthälften in der rechten und linken Spalte wohlschmeckende Weihnachtsköstlichkeiten zusammen.

a	BUTTER	i	PLÄTZCHEN
b	ANIS	ii	STERNE
c	VANILLE	iii	TALER
d	ZIMT	iv	STOLLEN
e	WALNUSS	v	KIPFERL
f	RUM	vi	MAKRONEN
g	KOKOS	vii	ECKEN
h	NUSS	viii	KUGELN
i	MANDEL	ix	KRINGEL
j	SCHMAND	x	PRINTEN

2   Was passt nicht?

a	Schneebesen	Messer	Gabel	Löffel
b	Joghurt	Ananas	Käse	Quark
c	Apfelschorle	Saft	Limonade	Kakao
d	Semmel	Franzbrötchen	Schwarzbrot	Laugenstange
e	Bockwurst	Bratwurst	Hanswurst	Currywurst
f	Klöße	Kartoffeln	Reis	Kroketten
g	Paprika	Gurke	Blumenkohl	Pfirsich
h	Himbeeren	Spinat	Äpfel	Birnen
i	Mikrowelle	Herd	Lagerfeuer	Kühlschrank
j	schneiden	schnippeln	rühren	raspeln

3 Ordnen Sie die folgenden Gerichte der Region zu, aus der sie stammen.

a KÖNIGSBERGER ☐   i   PRINTEN

b THÜRINGER ☐   ii   SCHNITZEL

c NÜRNBERGER ☐   iii KIRSCHTORTE

d AACHENER ☐   iv   LEBKUCHEN

e LÜBECKER ☐   v   KLÖSSE

f SCHWARZWÄLDER ☐   vi   SPROTTEN

g KIELER ☐   vii KLOPSE

h WIENER ☐   viii MARZIPAN

i OSTFRIESEN ☐   ix   CHRISTSTOLLEN

j DRESDNER ☐   x   TEE

4 Entscheiden Sie, was man für die folgenden Gerichte *nicht* benötigt:

a	Milchreis	Zimt	Vanillezucker	Quark	Milch
b	griechischer Salat	Oliven	Kapern	Tomaten	Schafskäse
c	Kaiserschmarrn	Butter	Eier	Zucker	Grieß
d	Sauerbraten	Essig	Rindfleisch	Rotwein	Anis
e	Quarkkeulchen	Zitrone	Zimt	Rosinen	Pfeffer
f	Brezel	Salz	Mehl	Wasser	Wein
g	Frikadellen	Mayonnaise	Hackfleisch	Zwiebeln	Pfeffer
h	Lebkuchen	Honig	Puderzucker	Backpulver	Zuckerrübensirup
i	Klöße	Nelken	Kartoffeln	Salz	Butter

5 Jede deutsche Region hat bestimmte kulinarische Spezialitäten, die in anderen Gebieten nicht vorkommen. Ordnen Sie die folgenden Gerichte der jeweiligen Region zu.

a Norden ☐   i   Weißwurst

b Süden ☐   ii   Rheinischer Sauerbraten

c Mama ☐   iii Quark mit Pellkartoffeln und Leinöl

d Osten ☐   iv   Labskaus

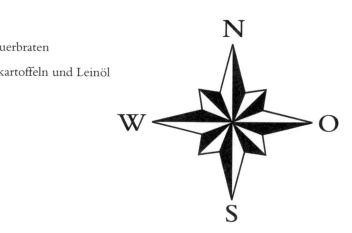

37

6 Ordnen Sie die folgenden Adjektive den entsprechenden Lücken zu. Achten Sie auf die entsprechenden Adjektivendungen.

salzig bitter roh weich trocken sauer knusprig süß süß-sauer zäh

a Erdnussflips, Salzstangen und Chips sind ....

b Ich liebe Kinderschokolade, weil sie .... ist.

c Meine Mutter trinkt jeden Morgen eine Tasse Kaffee, aber mir ist er zu ....

d Du magst Zitronensaft? Igitt? Der ist doch viel zu ....

e In Asien wurde neulich eine Studie veröffentlicht – angeblich ist .... Essen gesund und wer viel Scharfes isst, lebt länger.

f Gestern Abend haben wir in unserer Wohngemeinschaft Schnitzel paniert und gebraten – sie waren richtig ....

g Zum Frühstück isst mein Vater gern Pumpernickel, aber ich bevorzuge ein .... Brötchen mit Marmelade oder Nutella.

h Gestern waren wir im Restaurant Kartoffelkeller, um den Geburtstag meiner Mutter zu feiern. Leider war das Hauptgericht ein wenig ...., denn es fehlte Soße.

i Du magst Sushi? Aber das ist doch .... Fisch.

j Chinesisch ....-....................... war früher mein Lieblingsessen.

k Der Braten meiner Tante war leider .... wie Leder.

7 Ordnen Sie die Produkte den jeweiligen Kategorien zu.

Milchprodukte	
Fleisch	
Wurst	
Fisch	
Getreideprodukte	
Obst	
Gemüse	
Gewürze	

Schafskäse   Schinken   Joghurt   Melone   Speck   Pumpernickel Quark   Pflaume   Leberkäse   Wiener Würstchen   Kotelett Lachs   Gurke   Brötchen   Kuchen   Muskatnuss   Kirsche Sahne   Hackfleisch   Hering   Nelken   Leberwurst   Schnitzel Bohnen   Thunfisch   Lorbeerblätter   Forelle   Gebäck   Knoblauch Weintrauben   Aubergine

8 Im Schülerbuch geht es um die beliebte deutsche Kaffee- und Kuchenkultur.

Das britische Paar Sophie und Danny sind zum ersten Mal in Hamburg. Sie gehen an der Alster spazieren und betreten das Café Glücklich, um dort Kaffee zu trinken. Tragen Sie in der folgenden Übung die richtigen Portionen ein. Die Begriffe „Becher" und „Portion" sollten jeweils zweimal verwendet werden.

Kännchen	Schluck	Flasche	Glas	Tasse
Portion	Waffel	Becher	Stück	Kugel

Sophie: Das sieht ja alles sehr lecker aus. Ich hätte gern zwei (a) .... Erdbeereis mit einer (b) .... Sahne.

Bedienung: In einer (c) .... oder in einem (d).....................?

Sophie: In einem (e) ...., danke. Hm … Ich hätte ebenfalls gern eine (f)..................... Apfelschorle und dazu ein (g)..................... Und du, Danny?

Danny: Ich möchte gerne eine (h) .... schwarzen Tee.

Sophie: Willst du nichts Kaltes zu trinken?

Danny: Ich nehm dann einen (i) .... von deiner Schorle. Das ist doch in Ordnung, oder?

Sophie: Na klar.

Bedienung: Möchten Sie auch etwas essen?

Danny: Ach ja, ein (j) .... Zitronenkuchen mit einer (k) .... Sahne, bitte. Und ein (l)..................... Milch für meinen Tee.

Bedienung: Sehr gern. Ich bringe Ihnen gleich Ihre Bestellung.

2 Schriftliche Übungen

1 Schreiben Sie ein Interview, in dem Sie mehrere Austauschschüler an Ihrer Schule zu deren Essgewohnheiten befragen und vergleichen Sie diese mit Ihren.

2 In einem Reiseforum fragt ein Teilnehmer, der gerade durch Europa reist, nach Tipps zum Essen in deutschsprachigen Ländern. Schreiben Sie dazu einen Forumsbeitrag.

3 Sprache unter der Lupe

In der Küche

Die Wörter rechts sind Verben, die mit der Zubereitung von Essen zu tun haben. Lesen Sie sich die Sätze durch und setzen Sie sie passend in die folgenden Sätze. Bitte achten Sie insbesondere auf die Verbendungen.

1 Ich muss das Hackfleisch noch .... – wir können das nicht alles auf einmal aufessen.

2 Mein Freund hat morgen Geburtstag, deshalb will ich ihm heute Abend noch seinen Lieblingskuchen ....

3 Jedes Jahr zur Weihnachtszeit backen meine Schwestern und ich Weihnachtsplätzchen – am meisten Spaß macht es, den Teig zu .... und danach die Reste aufzuessen.

4 Meine Mitbewohner und ich wollten heute Abend eigentlich Schnitzel ...., aber ich habe vergessen, sie aus dem Gefrierfach zu nehmen und ....

5 Mein Lieblingsessen ist Kartoffelbrei mit Fischstäbchen und Röstzwiebeln, aber wenn ich die Zwiebeln ...., kommen mir immer Tränen.

6 Meine Oma sagt immer, dass man Rinderbraten langsam .... lassen sollte, damit das Fleisch richtig zart wird.

7 Beim Backen sollte man darauf achten, die Zutaten für den Teig im richtigen Verhältnis zu ....

8 Wenn du Milchreis zubereitest, musst du ihn eine Weile ...., damit er nicht anbrennt.

9 Für die Zubereitung einer Gemüsesuppe muss man vorher viele Gemüsesorten ....

10 Jeden Sommer .... mein Vater im Garten.

11 Das Geheimnis eines guten Gerichts ist, dass man es richtig und schmackhaft ....

12 Ich liebe Kartoffelgerichte – wenn ich nur nicht vorher immer Kartoffeln .... müsste.

13 Heute Abend haben mein Freund und ich keine Lust zu kochen. Wir werden einfach zwei Fertiggerichte in der Mikrowelle ....

14 Für Baiserplätzchen muss man Eiweiß, Salz und Zucker mit dem Rührbesen des Handrührgerätes steif ....

15 Obst und Gemüse sollten vor dem Verzehr immer .... werden.

a	braten
b	schneiden
c	backen
d	kneten
e	auftauen
f	einfrieren
g	schmoren
h	trocknen
i	rühren
j	putzen
k	schälen
l	waschen
m	aufwärmen
n	würzen
o	grillen
p	schlagen
q	mischen

4 Schriftliche Übung

Sie wollen an einem Wochenendkochkurs teilnehmen. Schreiben Sie eine E-Mail an eine Freundin, in der Sie versuchen, sie davon zu überzeugen, ebenfalls bei dem Kurs mitzumachen.

5 Wortschatz

Hat's geschmeckt?

1   Tragen Sie in die Tabelle ein, welche Gerichte süß und welche herzhaft sind.

Herzhafte Gerichte	Süße Gerichte

Sauerbraten   Bratfisch   Kaiserschmarrn   Bouletten   Eierkuchen
Eis   Nudelauflauf   Grießbrei mit Obst   Pudding   Schokoladenmousse
Flammkuchen   Germknödel mit Mohnbutter   Dampfnudeln   Maultaschen
Pommes   Buchweizentorte   Obstkuchen   Löwenzahnsalat
Putengeschnetzeltes   Schupfnudeln

2 Finden Sie sieben Verben rund ums Essen im Kreuzworträtsel.

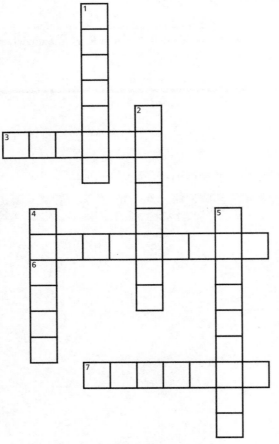

Waagerecht

3 genussvoll und festlich essen

6 reichlich und gut essen

7 sich den Bauch vollschlagen

Senkrecht

1 kleine Mengen von etwas Süßem essen

2 etwas Knuspriges oder Hartes in kleinen Stückchen verzehren

4 etwas probieren

5 etwas vollständig aufessen

3 Sie waren mit Ihrer Familie zum Abendessen in einem Restaurant und unterhalten sich später darüber. Den einen hat es geschmeckt, den anderen nicht. Ergänzen Sie die entsprechenden Äußerungen in der Tabelle.

Wie hat's geschmeckt?	
Es hat geschmeckt.	Es hat nicht geschmeckt.

Eine Wucht!   Ausgezeichnet   Igitt   Fade   Lecker   Pfui Teufel!
Köstlich   Geschmacklos   Eklig   Ungenießbar   Ein Traum   Viel zu süß
Versalzen

4   Finden Sie die Paare – welche Wörter in der rechten Spalte ergeben, zusammen mit den
    Wörtern in der linken Spalte, die Titel bekannter deutscher Kochsendungen und Filme rund
    ums Essen und Kochen?

a   Das perfekte

b   Frisch

c   Tim Mälzer – Schmeckt nicht,

d   Kochprofis –

e   Küchen

f   Die kulinarischen Abenteuer

g   Der Koch, der Dieb, …

h   Kochen ist

i   Brust oder

j   Das große

k   Rezept zum

l   Jennas Kuchen –

m   Bittersüße

n   Charlie und die

o   Zimt und

p   Madame Mallory

q   Couscous mit

r   Chocolat –

i   gibt's nicht

ii   schlacht

iii   der Sarah Wiener

iv   gekocht

v   Dinner

vi   Einsatz am Herd

vii   Chefsache

viii   seine Frau und ihr Liebhaber

ix   Verlieben

x   Fressen

xi   Ein kleiner Biss genügt

xii   Fisch

xiii   Schokoladenfabrik

xiv   Koriander

xv   Keule

xvi   und der Duft von Curry

xvii   Schokolade

xviii   für Liebe gibt es kein Rezept

---

6 Textverständnis

Der Kolumbianer Jairo aus dem Schülerbuch hat in selbigem seine Eindrücke der Vorweihnachtszeit in Deutschland geschildert. Ein Jahr später ist er nun mit Frau und Kind zurück in seiner südamerikanischen Heimat. Lesen Sie die informelle E-Mail, die er seinem deutschen Schwiegervater Otto schreibt und beantworten Sie die Fragen.

An: ottoschulz@gmx.de

Cc:

Bcc:

Betreff: Hola aus Bogota

Lieber Otto,

Wie geht es dir? Ich hoffe, gut. Ganz liebe Grüße aus Bogota – es regnet mal wieder. Dem kleinen Oscar und Conny geht es auch gut, sie schlafen nebenan. Wie geht es Marianne? Ich vermisse ihren Sauerbraten und den leckeren Blechkuchen. Habt ihr noch kolumbianischen Kaffee oder sollen wir euch neuen schicken?

Mir ist letztens was ganz Komisches passiert. Hier bei uns um die Ecke hat ein neuer Imbiss aufgemacht, Barra 8 Alemania, angeblich eine deutsche Wurstbude. Wir waren gerade auf dem Weg zu unserer neuen Wohnung und wollten dann dort schnell zu Mittag essen. Ich habe eine Currywurst mit Pommes bestellt, du weisst ja, die mag ich besonders gerne. Was bekam ich serviert? Eine Wurst mit indischer Currysauce, also ohne Ketchup. Ich war total überrascht und habe sofort bei der Bedienung nachgefragt, aber sie meinte, dass das eine echte Currywurst sei. Von wegen! Naja, egal. Dieses Wochenende werden wir hier auf den deutschen Weihnachtsmarkt der Lutheranischen Kirche gehen, da gibt's vielleicht eine echte Currywurst. Ich freue mich schon auf Lebkuchen und Glühwein! Einen Adventskalender brauchen wir auch dringend, bald beginnt ja Dezember. So, ich mach mal Schluss – Oscar ist gerade aufgewacht.

Mach's gut, wir sehen uns im Juli!

Jairo

1 An wen schreibt Jairo die E-Mail?

   A Seinen Schwager

   B Seinen Schwiegervater

   C Seinen Bruder

2 Was fehlt Jairo?

   A Sein Kind

   B Seine Schwiegermutter

   C Das Essen seiner Schwiegermutter

3 Was störte ihn an der kolumbianischen Wurstbude?

   A Die Bedienung ist unfreundlich.

   B Die Currywurst ist nicht authentisch.

   C Die Currywurst schmeckt nicht.

4 Was will er nicht auf dem Weihnachtsmarkt kaufen? ☐

   A Einen Adventskalender

   B Weihnachtsgebäck

   C Eine Holzpyramide

5 Wann wird er die Familie seiner Frau wiedersehen? ☐

   A In den Weihnachtsferien

   B In den Sommerferien

   C Im Juni

7 Schriftliche Übung

Was ist Ihr Lieblingsgericht? Wählen Sie eine Textsorte, in der Sie Ihre Lieblingsspeise vorstellen und deren Zubereitung beschreiben.

8 Sprache unter der Lupe

Verben

Vervollständigen Sie die Sätze. Bitte achten Sie insbesondere auf die Verbendungen. Die Verben können mehr als einmal verwendet werden.

1 Mein Bruder .... immer seinen Senf dazu.

2 Mittags .... Matthias immer einen Bärenhunger.

3 Ali .... wie ein Scheunendrescher: Pizza, Pommes, Fleisch und Würste – alles, was er im Kühlschrank findet.

4 Meine Mutter kritisiert immer meine Figur und meckert auch, dass mein Vater zu dick ist – immer .... sie ein Haar in der Suppe, was total nervig ist!

5 Meine Freundin Eva ist viel zu dünn – sie .... ein richtiger Hungerhaken.

6 Ich .... die Nase voll von Hausaufgaben, Prüfungen und nervigen Lehrern.

7 Eine gesunde Ernährung und viel Sport .... das A und O einer Diät.

8 Am liebsten spiele ich Hockey, was ich dreimal pro Woche trainiere, und später möchte ich Profispieler werden, denn nur Übung .... den Meister.

9 Meine Tante macht gerade eine Diät, weil sie letzten Sommer zugenommen hat, und ich .... ihr die Daumen, dass es klappt.

10 Nach der Schule .... ich immer total kaputt, und dann muss ich noch stundenlang Hausaufgaben machen. Ich brauche dringend Erholung!

a sein

b drücken

c geben

d machen

e haben

f essen

g finden

1 Textverständnis

Im Schülerbuch liegt der Schwerpunkt dieser Einheit auf Festen und Traditionen aus dem deutschsprachigen Raum. Sie lesen nun einen Text, der ausländischen Studenten das verrückte und ausgelassene Treiben zur Karnevalszeit in Deutschland erklärt.

Im ersten Teil des Textes fehlen Wörter, die Sie im ersten Schritt der Textverständnisübung einordnen müssen.

Karneval in Deutschland

Wunder dich nicht, wenn in den nächsten Tagen plötzlich alles anders ist, als sonst – wenn dir Leute in bunten Kostümen begegnen oder plötzlich Lieder singen, die du nicht verstehst. Von Weiberfastnacht bis Aschermittwoch regieren die „Jecken". Je nach Region gibt es jedoch einige Unterschiede, was und wie gefeiert wird. Wir helfen dir und geben dir Tipps,
(a) .... du selbst jede Menge Spaß hast. | 5

Und plötzlich (b) .... alle durch! Gestern noch war die Welt in Ordnung und heute schon trägt dein Professor von der Uni eine rote Nase, deine Kommilitonen haben sich in Piraten, Hasen oder Superhelden (c) .... und überall wird gefeiert. Willkommen im Karneval!

(d) .... beginnt die Karnevalssaison schon am 11. November des | 10
(e) ...., doch erst zum Straßenkarneval im Februar und März geht es richtig los. Von Weiberfastnacht am Donnerstag bis zum darauffolgenden Aschermittwoch feiern tausende Menschen in Kneipen, Festsälen und auf der Straße bei Umzügen durch. Besonders im Rheinland, also in Städten wie (f) .... oder Düsseldorf
(g) wo der .... herrscht. | 15

11.11 Uhr lautet die magische Zeit, zu der der Straßenkarneval an Weiberfastnacht eröffnet wird. Dann heißt es „Kölle Alaaf" und „Düsseldorf Helau". Diese Kombinationen solltest du dir gut merken, denn in Köln „Helau" zu brüllen kommt nicht gut an. Zu jeder Menge Kölsch, dem typischen Kölner Bier, essen die Jecken am liebsten Berliner. Dieses Gebäck gibt es mit Marmeladen- oder Eierlikörfüllung und für besonders „nette" Menschen auch mit Senf. | 20

Was die Kostüme angeht, sind deiner Kreativität keine Grenzen gesetzt. Du kannst anziehen, was dir gefällt. Nur deine normalen Klamotten solltest du in dieser Zeit im Schrank lassen. Es sei denn, du besitzt eine Krawatte, die du unbedingt loswerden möchtest. Dann trag sie unbedingt an Weiberfastnacht. Es wird nicht lange dauern, bis sie dir von einer Frau abgeschnitten wird, denn das ist so Brauch. | 25

Natürlich ist Musik ein ganz wichtiger Bestandteil der ausgelassenen Party. Statt Charts laufen in den Kneipen die Songs von typischen Karnevalsbands. In Köln sind das zum Beispiel die Höhner, Brings, Bläck Föös oder die Paveier. Obwohl sie auf Deutsch singen, wirst du vielleicht Schwierigkeiten haben, ihre Texte zu verstehen, denn sie singen mit kölschem Dialekt. | 30

Apropos: Auch wenn du die Songtexte nicht auswendig lernst, solltest du diese fünf Begriffe auf jeden Fall kennen, denn sie werden dir im Kölner Karneval immer wieder begegnen:

Jecken: So heißen alle, die Karneval feiern.

Bützjer: Küsschen auf die Wange werden im Karneval in großen Mengen verteilt, denn es herrscht offiziell „Kussfreiheit" bis Aschermittwoch.

Strüssjer: Blümchen, werden bei den diversen Umzügen geworfen. Häufig sind es Rosen, Tulpen und Nelken.

Kamelle: Bonbons/Süßigkeiten, werden ebenfalls bei den Umzügen geworfen. Also Tasche nicht vergessen.

Büggel: Tasche, brauchst du für die Kamelle.

Der Höhepunkt des bunten Treibens ist der Umzug am Rosenmontag. Seit 178 Jahren gibt es den in Köln. Los geht's, wie sollte es anders sein, pünktlich um 11.11 Uhr auf eine Strecke von 6,5 Kilometern quer durch die Stadt. Der Zug selbst ist sogar noch ein Stück länger und besteht aus 10.000 Teilnehmern und 100 Prunkwagen. Über eine Million Menschen stehen an den Straßenrändern und sorgen für Stimmung. **35**

Fastnacht statt Karneval

Das, was im Rheinland „Karneval" heißt, nennt man im Süden, Osten und Norden Deutschlands „Fastnacht" oder „Fasching". Auch hier geht es in den tollen Tagen rund – **40** allerdings beginnt die Saison meist später: Während Kölner oder Düsseldorfer ihren Karneval schon am 11. November des Vorjahres einläuten und damit fast vier Monate lang immer wieder Gelegenheit zum Lustigsein haben, beginnen Fastnacht oder Fasching offiziell meist am 6. Januar. In ihre heiße Phase starten Karneval und Fasching allerdings am selben Tag, nämlich dem Donnerstag vor Aschermittwoch. Statt Weiberfastnacht heißt dieser Tag **45** im Süden Deutschlands jedoch „Schmotziger Donnerstag" (Dialekt für „Schmutziger Donnerstag"). Von 11.11 Uhr am Donnerstagmorgen bis zum Dienstag der darauffolgenden Woche heißt es: feiern, feiern, feiern. Auch im Süden Deutschlands finden große Umzüge statt, die hier jedoch „Narrensprünge" heißen. Nicht nur der Name ist anders, sondern auch so manche Tradition: So sind die Kostüme der Fastnacht häufig traditioneller als in Köln **50** oder Düsseldorf. Statt politischen Spotts trifft man hier auf Teufel, Narren, Hexen und andere Sagengestalten. All diese Figuren haben eine lange Tradition; manchmal werden Kostüme sogar von Generation zu Generation weitervererbt. Während sich die Karnevalisten in Köln und Düsseldorf jedes Jahr aufs Neue überlegen, wie sie sich verkleiden sollen, behalten die Narren der Fastnacht ein und dasselbe Kostüm oft ein Leben lang. Auch die für die tollen **55** Tage typischen Rufe unterscheiden sich von denen im Rheinland: Statt „Helau" oder „Alaaf" sagen die Menschen hier „Ju-Hu-Hu" oder „Narri-Narro".

Wo und wie du auch feierst: Wir wünschen dir ganz viel Spaß und ein paar närrische Tage. Denn wie heißt es doch so schön? Am Aschermittwoch ist alles vorbei!

DAAD, www.study-in.de

Erfahrungen

1 Im ersten Teil fehlen Wörter. Suchen Sie für jede Lücke im Text das passende Wort aus.

	A	B	C	Lösung
a	UM	DAMIT	SO	B
b	GEHEN	STEHEN	DREHEN	
c	VERWANDELT	MUTIERT	ANGEZOGEN	
d	AKTUELL	DOCH	EIGENTLICH	
e	VORJAHRES	JAHRES	JAHRESZEIT	
f	MÜNCHEN	KÖLN	HAMBURG	
g	AUSNAHME	AUSNAHMEZUSTAND	AUFSTAND	

2 Bei den folgenden Aussagen kreuzen Sie an, ob sie aufgrund des Textes richtig oder falsch sind. Begründen Sie Ihre Antwort mit Informationen aus dem Text.

          richtig falsch

a In der Karnevalszeit werden gesellschaftliche Regeln aufgehoben und es wird ausgelassen gefeiert.   [X] [ ]

Begründung: *wenn in den nächsten Tagen plötzlich alles anders ist, als sonst*

b Aschermittwoch bedeutet das Ende der zweiwöchigen wilden Feiern im Februar.   [ ] [ ]

Begründung: ....

c Bei den Narrenrufen sollte man sich der regionalen Unterschiede bewusst sein, um keine Fehler zu machen.   [ ] [ ]

Begründung: ....

d Die Feiernden trinken am liebsten Wein aus der Region und essen gefüllte Kuchen.   [ ] [ ]

Begründung: ....

e Ausgefallene Verkleidungen sind zur Karnevalszeit ein Muss, Alltagskleidung sollte man zu Hause lassen.   [ ] [ ]

Begründung: ....

f Krawatten werden während der Karnevalszeit sowohl von Frauen als auch von Männern abgeschnitten.   [ ] [ ]

Begründung: ....

g Damit die Jecken ihre Musik verstehen, singen viele Karnevalsbands ihre Lieder auf Hochdeutsch. ☐ ☐

Begründung: ....

h Die Saison erlebt ihren Höhepunkt zu Beginn der Festlichkeiten am Jahresende. ☐ ☐

Begründung: ....

3 Lesen Sie sich noch einmal die Zeilen 39–57 durch. Finden Sie heraus, welche Gemeinsamkeiten, aber auch Unterschiede, zwischen Karneval und Fastnacht/Fasching existieren. Tragen Sie diese in die Tabelle ein.

	Karneval	Fastnacht/Fasching
Wo feiert man ...?		
Gemeinsamkeiten		
Unterschiede		
Länge Umzüge Verkleidung Rufe		

2 Schriftliche Übungen

1 Eine gute Freundin von Ihnen steckt mitten in den Abiturprüfungen und ist total gestresst und deprimiert. Sie braucht dringend Ablenkung und Aufmunterung. Sie sind gerade aus Köln zurückgekehrt, wo Sie mit deutschen Freunden das erste Mal Karneval gefeiert haben. Sie haben eine tolle und aufregende Zeit verlebt und nun berichten Sie in einer E-Mail mit lustigen Anekdoten von diesem unvergesslichen Fest. Erklären Sie in einigen Sätzen, was Karneval ist und wie er in Köln gefeiert wird. Schlagen Sie vor, nächstes Jahr gemeinsam nach Deutschland zu fahren, um diesen Ausnahmezustand zu erleben. Benutzen Sie die Checkliste für eine informelle E-Mail aus Kapitel 6 des Schülerbuchs.

2 An Ihrer Schule ist gerade eine Austauschschülerin aus Stuttgart, die Ihnen letztens beim Mittagessen ganz begeistert vom Fasching in Deutschland berichtet hat. Für die neue Ausgabe der Schülerzeitung wollen Sie nun ein Interview mit ihr schreiben, in dem sie berichtet, was und wie in der 5. Jahreszeit gefeiert wird. Benutzen Sie die Checkliste für ein Interview aus Kapitel 6 des Schülerbuchs.

2.4 Die Sehnsucht nach dem Leben

---

1 Quiz

Ordnen Sie die folgenden Sehenswürdigkeiten ihren jeweiligen Ländern zu.

Schweiz	Österreich	Deutschland

1 Prater	5 Siegessäule	9 Matterhorn
2 Sächsische Schweiz	6 Zwinger	10 Genfer See
3 Speicherstadt	7 Das goldene Dachl	
4 Zytglogge	8 Stephansdom	

---

2 Wortschatz

Reisen

1 Was passt nicht?

    a Sonnenschein / Sonnenbaden / Sonnenfinsternis

    b Kreditkarte / Barbezahlung / Scheckbetrug

    c Hotelzimmer / Kajüte / Sonnenliege

    d einchecken / auschecken / ausleihen

    e Zelt / Gaskocher / Klimaanlage

    f Wohnhaus / Gartenlaube / Hausboot

    g Erlebnis / Abenteuer / Erlaubnis

    h zahlen / bezahlen / zählen

    i Mitbewohner / Mitbringsel / Andenken

    j Kirche / Küche / Moschee

    k Flugzeug / Bus / Zug

2 Alleine verreisen – Fluch oder Segen?

Was meinen Sie? Lesen Sie die unten aufgelisteten Argumente und entscheiden Sie, in welche Spalte diese passen.

Alleine verreisen	Fluch	Segen
a Man hat niemanden, um seine unmittelbaren Eindrücke zu teilen.	X	
b Es ist leichter, neue Leute kennenzulernen.		
c Man muss keine Kompromisse eingehen und kann das machen, worauf man Lust hat.		
d Es ist nicht immer ungefährlich.		
e Es ist langweilig.		
f Alleinreisende sind in der Lage, sich ihre Zeit frei einzuteilen.		
g Man sitzt allein im Restaurant und am Strand.		
h Man lernt, selbstständiger zu sein.		
i Man ist nie wirklich allein, da man unterwegs andere Reisende trifft.		

3 Schriftliche Übungen

1 Sie haben vor kurzer Zeit eine historische oder kulturelle Sehenswürdigkeit in einem deutschsprachigen Land besichtigt und waren ganz beeindruckt. Schreiben Sie über diesen Besuch einen Artikel für die Schülerzeitung, in dem Sie diese Sehenswürdigkeit Ihren Mitschülern empfehlen.

2 Sie sollen für Ihre Mitschüler eine Wanderung mit einer Übernachtung im Zelt oder einer Jugendherberge organisieren. Sie brauchen einige Regeln zu Verhalten und Sicherheit Ihrer Gruppe. Schreiben Sie diese Richtlinien in einem Flugblatt auf – auch Hinweise zur Vorbereitung von Ausrüstung, Verpflegung und adäquater Kleidung sind notwendig.

3 Ein Freund oder eine Freundin aus einem anderen Land wird demnächst zu Ihnen kommen und ist besorgt, sich nicht richtig zu benehmen. Schreiben Sie eine kleine Broschüre für deutschsprachige Besucher bei Ihnen, in der steht, wie man sich in der Familie benimmt und Fettnäpfchen möglichst vermeidet.

4 Wie sieht ein idealer Tag in Ihrer Heimatstadt aus? Wohin würden Sie einen Gast mitnehmen? Schreiben Sie eine kurze informative Broschüre, in der Sie Ihrem Gast Ihre Heimat schmackhaft machen.

4 Textverständnis

Im Folgenden gewinnen Sie einen Einblick in den Anfang der Liebesgeschichte des Briten Harold und der Deutschen Ellen, die sich 1967 in Köln kennenlernten.

Eine deutsch-englische Romanze

1967 und ein achtzehnjähriger Engländer geht an der Penny Lane in Liverpool vorbei auf dem Weg nach Hause. Er hat gerade sein Abi bestanden und verbringt noch einige Wochen auf der Schule, um die Aufnahmeprüfung für die Uni vorzubereiten. Aber seine Gedanken sind bei dem Brief in der Brusttasche, dem ersten Brief von dem deutschen Mädchen, dem

5   er auf abenteuerliche Weise im Sommerurlaub in Köln begegnet ist. Der erste Brief, auf dünnem blauen Luftpostpapier, der handfeste Beweis, dass er nicht geträumt hatte…

Dieser Junge war ich und ich musste mich damals kneifen, weil ich vor einem Monat in einem Forsthaus im Gremberger Wäldchen gewesen war. Ich hatte mich bei einer benachbarten Liverpooler Jungenschule für ein Praktikum beworben (man sollte einen Kinderspielplatz in

10   Köln, der Partnerstadt von Liverpool, bauen), aber bei der Ankunft in Deutschland wurde klar, dass keiner vor Ort von diesem Plan wusste… Wie peinlich für die Lehrer! Aber (und hier lernte ich die erste Lehre, die Deutschen sind wirklich effizient) vor Anbruch der Dunkelheit hatte die Stadt Köln eine Notunterkunft in einem Forsthaus organisiert mitsamt Feldküche und Arbeit am nächsten Morgen. Jawohl, Arbeit (die zweite Lehre ist, dass in Deutschland die

15   Arbeit vor der Party kommt): wir wurden punkt sieben Uhr morgens in einem Laster abgeholt und zu dem Königsforst gefahren, einem Wildgehege mit frei herumlaufenden Wildschweinen und Rehen. Hier war die Aufgabe, den Wald zu roden. Sensen wurden verteilt und alle attackierten das Gestrüpp auf das Kommando „Arbeiten!" Inzwischen war unsere Gruppe zu einem internationalen Arbeitslager heraufgestuft worden und ein junger Italiener, Massimo, ein

20   Marokkaner, Mustapha, und ein Mädchen aus Braunschweig, Maria, hatten sich angeschlossen. Wie wir gelacht haben, als wir unerlaubt über den Zaun des Geheges kletterten, um Snacks beim Imbiss zu holen, und uns daraufhin wieder geheim ins Gehege schmuggelten!

Aber eines fehlte uns Liverpooler Jungs: die Mädels! Die Idee kam auf am Samstag eine Party im Forsthaus zu organisieren und ein Inserat in die Zeitung zu setzen. Gesagt, getan (ich

25   glaube die Lehrer hatten ihre Hand im Spiel) und zwei Mädchen wagten sich tatsächlich den dunklen Gang durch den abendlichen Wald. Ich sprach wohl besseres Deutsch als viele meiner neuen Freunde (dritte Lehre: Vorsprung durch Sprachen!) und fand mich gegenüber einer reizenden dunkelhaarigen Schönen mit lachenden Augen und Stupsnase. Aber, wie gut war mein Deutsch? Ich sollte bald meine Grenzen entdecken, als ich nach einiger Zeit

30   unbedingt ein Date für die kommende Woche organisieren wollte. „Can I take you out on Monday?" flitzte mir durchs Gehirn und ich übersetzte wörtlich: „Kann ich dich am Montag ausnehmen?" Die Reaktion war sofort und explosiv. Die beiden Mädchen hatten Lachkrämpfe und verschwanden unter den Tisch! Oh, je! Was hatte ich denn gesagt? Aber als sie wieder erschienen, war klar, dass sie mir meinen Fehltritt nicht übelnahmen und ich entdeckte ein paar

35   neue Vokabeln. „Ausnehmen" hat zwei Bedeutungen: erstens „to exploit", zweitens „to gut a fish"! Und ja, ich durfte mit ihnen ausgehen und sie zur Bahn begleiten …

Die nächste Woche wurde zu einem Wirbel von Treffen mit Ellen (so hieß die Schöne) und Entdeckungen. Am Montag eine Party in der JH in Deutz, die Diskothek „Lord" am Mittwoch aber am Donnerstag die schönste Einladung, nämlich bei Ellen zu Hause, wo ich
40 ▸ ihre Eltern kennengelernt habe, der erste Einblick in das deutsche Familienleben. Ellens Vater war Hotelier und echter Kölner (welche Schwierigkeiten hatte ich am Anfang mit seinem Dialekt! Vierte Lehre: Die deutsche Sprache hat eine Vielzahl von Dialekten). Kurz vor meiner Abfahrt besuchten wir zwei die Kirmes am Tachoplatz und als Ellens Körper gegen mich durch die Wucht des Karussels gedrückt wurde, ihre Haare mir ins Gesicht flogen und
45 ▸ ich im Wirrwar der vielen Farben und Geräusche den Arm um ihre Schulter legte, da wusste ich, hier darf diese Geschichte nicht enden, ich muss wieder nach Deutschland und dieses Mädchen wiederfinden…

1 Bringen Sie die Ereignisse in die richtige Reihenfolge. Nummerieren Sie sie.

a Harold und seine Freunde haben Hunger und verlassen heimlich die Einzäunung, um sich etwas zu essen zu holen. ☐

b Ellen lädt ihn zu sich nach Hause ein, wo er ihre Familie kennenlernt. ☐

c Zusammen besuchen sie mehrere Volksfeste. ☐

d Harold tritt in ein sprachliches Fettnäpfchen, als er sie um ein weiteres Treffen bittet. ☐

e Er trägt Ellens Brief bei sich. ☐

f Er lernt die dunkelhaarige Ellen kennen, die ihm sofort gut gefällt. ☐

g Die Jungs setzen eine Annonce in die Zeitung, um Mädels zu ihrer Party einzuladen. ☐

h Er kann es nicht abwarten, Ellen nach der gemeinsamen Zeit in Köln wiederzusehen. ☐

i Der 18-jährige Harold reist im Sommer nach Köln, um dort ein Praktikum zu machen. ☐

j Der Kölner Dialekt von Ellens Vater bereitet ihm einige Probleme. ☐

k Er besteht sein Abitur. ☐

l Es wird schnell klar, dass man auf seine Ankunft nicht vorbereitet ist. ☐

2 Wie würden Sie Harolds Ton bei der Beschreibung der damaligen Geschehnisse charakterisieren? Welches Wort von der Liste unten passt am besten? ☐

A bestürzt   D rechtfertigend

B humorvoll   E enttäuscht

C verbittert   F sentimental

3 Entscheiden Sie, welche Wörter in der rechten Spalte den Wörtern aus dem Text in der linken Spalte am besten entsprechen.

a abenteuerliche (Z. 5) ☐	i allabendliche	ix radeln
b Beweis (Z. 6) ☐	ii zwicken	x Ausrutscher
c kneifen (Z. 7) ☐	iii Durcheinander	xi Kicheranfälle
d Praktikum (Z. 9) ☐	iv ereignisreiche	xii keifen
e peinlich (Z. 11) ☐	v komisch	xiii Praxis
f Lachkrämpfe (Z. 32) ☐	vi Volontariat	
g Fehltritt (Z. 34) ☐	vii Beleg	
h Wirrwarr (Z. 45) ☐	viii unangenehm	

5 Mündliche Übung

Können Sie diese Liebesgeschichte nachvollziehen? Haben Sie schon einmal Ähnliches erlebt oder davon gehört, dass sich Menschen verschiedener Länder ineinander verlieben?

6 Sprache unter der Lupe

Redewendungen

1 Welche Kurzdefinition passt zu welcher Redewendung? Finden Sie die Paare.

a die Zelte abbrechen

b nur einen Katzensprung entfernt sein

c wissen, wohin die Reise geht

d leben wie Gott in Frankreich

i die Zukunft abschätzen können

ii wenn jemand sein bisheriges Lebensumfeld verlässt

iii ein Ort, der in unmittelbarer Nähe ist

iv es sich gut gehen lassen

2 Setzen Sie nun die richtigen Redewendungen in den Lückentext.

a Giessen ist .... von Marburg – mit der Bahn ist es weniger als eine Stunde.

b Wenn meine Schwestern und ich daheim bei meinen Eltern Weihnachten feiern, ... wir ...., denn sie verwöhnen uns nach Strich und Faden und keine von uns muss einen Finger krumm machen.

c Valeria, was werdet ihr in den Sommerferien machen? – Keine Ahnung. Wir .... noch nicht, ...

d Ich habe eine neue Stelle in Mannheim angenommen, daher .... ich .... hier in Bern ....

7 Textverständnis

Lesen Sie nun einen Auszug aus Max Frischs 1957 veröffentlichten Roman „Homo Faber". Walter Faber, der Protagonist, ist nach einer geglückten Notlandung in der mexikanischen Wüste mit seinem Sitznachbarn Herbert – der sich als Bruder seines Jugendfreunds Joachim entpuppt hat – weitergereist, um diesen in Guatemala ausfindig zu machen. Zuvor allerdings stecken sie einige Tage in Palenque fest.

Homo Faber

Die feuchte Luft –

Die schleimige Sonne –

Ich war entschlossen, meinerseits umzukehren: wenn wir bis morgen keinen Jeep hätten … Es war schwüler als je, moosig und moderig, es schwirrte von Vögeln mit langen blauen Schwänzen, jemand hatte den Tempel als Toilette benutzt, daher die Fliegen. Ich versuchte zu schlafen. Es schwirrte und lärmte wie im Zoo, wenn man nicht weiß, was da eigentlich pfeift und kreischt und trillert; Lärm wie moderne Musik, es können Affen sein, Vögel, vielleicht eine Katzenart, man weiß es nicht, Brunst oder Todesangst, man weiß es nicht. –

Ich spürte meinen Magen. (Ich rauchte zuviel!)

Einmal, im elften oder dreizehnten Jahrhundert, soll hier eine ganze Stadt gestanden haben, sagte Herbert, eine Maya-Stadt –

Meinetwegen!

Meine Frage, ob er eigentlich noch an die Zukunft der deutschen Zigarre glaube, beantwortete Herbert schon nicht mehr: er schnarchte, nachdem er eben noch von der Religion der Maya geredet hatte, von Kunst und Derartigem.

Ich ließ ihn schnarchen.

Ich zog meine Schuhe aus, Schlangen hin oder her, ich brauchte Luft, ich hatte Herzklopfen vor Hitze, ich staunte über unseren Pauspapier-Künstler, der an der prallen Sonne arbeiten konnte und dafür seine Ferien hergibt, seine Ersparnisse, um Hieroglyphen, die niemand entziffern kann, nach Hause zu bringen –

Menschen sind komisch!

Ein Volk wie diese Maya, die das Rad nicht kennen und Pyramiden bauen, Tempel im Urwald, wo alles vermoost und in Feuchtigkeit zerbröckelt – wozu?

Ich verstand mich selbst nicht.

Vor einer Woche hätte ich in Caracas und heute (spätestens) wieder in New York landen sollen; stattdessen hockte man hier – um einem Jugendfreund, der meine Jugendfreundin geheiratet hat, Gutentag zu sagen.

Wozu!

Wir warteten auf den Landrover, der unseren Ruinen-Künstler täglich hierherbringt, um ihn gegen Abend wieder abzuholen – mit seinen Pauspapierrollen …

Max Frisch, „Homo Faber" © 1957, Suhrkamp Verlag AG

2

Erfahrungen

1 Beantworten Sie die folgenden Fragen mit kurzen Antworten. Beziehen Sie sich dabei auf den ganzen Text.

a Wie ist der Ton des Ich-Erzählers?

....

b Warum kann er nicht einschlafen?

....

c Wie reagiert Herbert auf die Frage des Ich-Erzählers?

....

d Welcher Aufgabe widmet sich der Künstler Marcel?

....

e Worauf warten sie?

....

f In welcher Stadt hätte er eigentlich wie geplant vor sieben Tagen landen sollen?

....

2 Kreuzen Sie an, welche vier Aussagen auf den Protagonist Walter Faber bezüglich seines unfreiwilligen Aufenthalts im Tieflanddschungel Mexikos zutreffen.

A Aus Angst vor Schlangen zieht er seine Schuhe nicht aus. ☐

B Die Arbeit des Kunsthistorikers Marcel macht für ihn nur wenig Sinn. ☐

C Er ist im Dschungel, weil ihn die Tierwelt interessiert. ☐

D Die Baukunst der Maya im feuchten Urwald findet er absurd. ☐

E Sein Reisegefährte heißt Harald. ☐

F Walter Faber hat schon seit Jahren dem Rauchen abgeschworen. ☐

G Er will schnellstmöglich aus Palenque abreisen. ☐

H Er behauptet nicht, künstlerisch versiert zu sein. ☐

3 Beantworten Sie die folgenden Fragen jeweils mit einer kurzen Antwort.

a Welchen Eindruck vermittelt die Verwendung von Adjektiven in diesem Auszug? (die feuchte Luft, die schleimige Sonne usw.)

....

b Inwiefern ist die Zeichensetzung in diesem Romanauszug wichtig?

....

c Max Frischs Protagonist Walter Faber fühlt sich im mexikanischen Dschungel sichtlich unwohl. Haben Sie selbst schon einmal eine unangenehme und weniger erfreuliche Situation fernab der Heimat erlebt? Wie haben Sie diese gemeistert?

....

d Warum ist es wichtig, auch unschöne, unangenehme Erfahrungen zu machen?

....

3 Menschliche Erfindungsgabe

3.1 Fernsehen: die Macht des Publikums

1 Quiz

1 Entscheiden Sie, welche Titel rechts welchen Sendungen links entsprechen und verbinden Sie diese.

a	die Seifenoper	☐
b	die Serie	☐
c	die Sitcom	☐
d	die Castingshow	☐
e	die Dokumentation	☐
f	die Nachrichten	☐
g	die Musiksendung	☐
h	die Kindersendung	☐
i	die Tiersendung	☐
j	die Sportsendung	☐
k	die Wissenschaftssendung	☐
l	die Zeichentrickserie	☐
m	die Quizshow	☐
n	die Doku-Soap	☐
o	die Gerichtsshow	☐
p	das Politikmagazin	☐
q	das Boulevardmagazin	☐
r	der Krimi	☐
s	die Scripted Reality Sendung	☐

i   Tiere suchen ein Zuhause

ii   Das Jugendgericht

iii   Tatort

iv   Janoschs Traumstunde

v   Geheimnisvolle Orte: Der Kölner Dom

vi   Sportschau

vii   Explosiv – das Magazin

viii Hausmeister Krause – Ordnung muss sein

ix   Hilf mir! Jung, pleite, verzweifelt …

x   Lindenstraße

xi   Tagesthemen

xii   Bauer sucht Frau

xiii Die Sendung mit der Maus

xiv Germany's Next Curvy Topmodel

xv   Sing meinen Song – Das Tauschkonzert

xvi Sturm der Liebe

xvii Auslandsjournal

xviii Galileo

xix Wer wird Millionär?

3

2 Wortschatz

Wortbildung mit „Fernseh"

1 Die Wörter rechts stammen alle vom Kernwort „Fernseh". Lesen Sie sich die Sätze durch und setzen Sie sie passend in die folgenden Sätze.

a Britta hat in der .... nachgeschaut, wann die Seifenoper „Alles was zählt" beginnt.

b Der .... Kai Pflaume moderierte mehrere Jahre die .... „Nur die Liebe zählt", die häufig Ex-Partner wieder zusammenführte oder heimlich Verliebte dazu brachte, ihren Angebeteten endlich ihre Gefühle zu gestehen.

c Vor einer Woche bekam mein Bruder Ärger, weil er die .... an die Gebühreneinzugszentrale nicht bezahlt hatte.

d Gestern Abend habe ich auf ZDF ein .... mit Angela Merkel geschaut, die sich zu ihren Plänen bezüglich der Flüchtlingsthematik in Deutschland äußerte.

e Daniel Brühls Vater Hanno war ein bekannter ...., der u.a. den .... „Remarque – Sein Weg zum Ruhm" über die Entstehungsgeschichte von Erich Maria Remarques Roman „Im Westen nichts Neues" gefilmt hat.

f Scripted Reality Shows sind ein beliebtes Ziel der ...., da sie von Laienschauspielern gespielt werden, die reelle Ereignisse vortäuschen.

g Ein anderes Wort für TV-Reklame ist ....

h In Loriots beliebtem Sketch „....................." ist sich ein Ehepaar uneinig darüber, wie sie ihren Abend verbringen sollen, nachdem sie feststellen, dass der .... kaputt ist.

i In Potsdam Babelsberg gibt es die berühmten Babelsberg Filmstudios, in der die .... „GZSZ" gedreht wird.

j Der „Stern", eine wöchentliche Zeitschrift, die sowohl gesellschaftliche als auch politische Themen behandelt, hat als Beilage ein ....

k Ich will nach meinem Abitur .... in Leipzig studieren.

l Das „Morgenmagazin" wird aus einem .... gesendet.

FERNSEHPROGRAMM
FERNSEHAPPARAT
FERNSEHZEITUNG
FERNSEHSERIE
FERNSEHKRITIK
FERNSEHSTUDIO
FERNSEHGEBÜHR
FERNSEHINTERVIEW
FERNSEHREGISSEUR
FERNSEHMODERATOR
FERNSEHJOURNALISMUS
FERNSEHWERBUNG
FERNSEHFILM
FERNSEHSHOW
FERNSEHABEND

2 Achtung! Diese Substantive, Verben und Phrasen rund um das Fernsehen, die Lieblingsbeschäftigung der Deutschen, werden häufig verwechselt. Setzen Sie die richtigen Wörter in die Lücken ein.

a Am Wochenende habe ich mehrere Stunden mit meiner Schwester .... – die neue Staffel von „Deutschland sucht den Superstar" begann.

b Unser .... ist ziemlich alt, aber momentan kann ich mir keinen neuen leisten.

c Ich will heute abend ...., denn die neue Komödie mit Matthias Schweighöfer wird gezeigt.

d Wenn mein jüngerer Bruder und ich zusammen ...., gibt es immer Stress, weil er mir nie .... geben will.

i das Fernsehen

ii der Fernseher

iii fernsehen

iv ferngesehen

v vor dem Fernseher sitzen

vi die Fernbedienung

3 Wortsuchrätsel

Hinter den Kulissen

Die unten aufgeführten Begriffe aus dem Bereich „Hinter den Kulissen" verstecken sich in diesem Wortsuchrätsel. Können Sie diese finden?

N	V	M	R	E	T	P	M	O	R	P	E	L	E	T
S	O	G	O	H	N	E	R	R	U	R	N	P	T	X
S	R	N	T	F	E	D	E	E	N	E	N	Q	K	R
H	S	U	U	I	Z	N	F	G	T	G	A	R	E	O
T	P	T	A	L	U	E	R	I	E	I	M	X	F	R
L	A	H	H	M	D	L	E	E	R	S	A	K	F	X
E	N	C	C	K	O	B	W	S	T	S	R	L	E	I
I	N	U	U	L	R	K	N	T	I	E	E	W	L	O
N	O	E	B	A	P	C	I	U	T	U	M	R	A	D
W	F	L	H	P	Y	Ü	E	H	E	R	A	W	I	H
A	O	E	E	P	A	R	H	L	L	Q	K	I	Z	V
N	R	B	R	E	Y	K	C	Q	F	B	J	X	E	E
D	K	O	D	A	A	B	S	P	A	N	N	H	P	B
E	I	R	G	G	H	I	B	C	H	A	I	P	S	B
E	M	P	Z	P	K	G	L	K	T	H	J	O	T	H

ABSPANN

DREHBUCH

KAMERA

MIKROFON

REGIESTUHL

SCHEINWERFER

UNTERTITEL

BELEUCHTUNG

DREHBUCHAUTOR

KAMERAMANN

PROBE

REGISSEUR

SPEZIALEFFEKTE

VORSPANN

DREHARBEITEN

FILMKLAPPE

LEINWAND

PRODUZENT

RÜCKBLENDE

TELEPROMPTER

4 Grammatik unter der Lupe

Relativpronomen

Im Schülerbuch wurde die Verwendung von Relativsätzen und Relativpronomen erklärt. In der folgenden Übung erfahren Sie mehr über einige Prominente des deutschen Fernsehens. Setzen Sie dazu die richtigen Relativpronomen ein.

1 **Bully Herbig,** .... 1968 in München geboren wurde, ist ein deutscher Komiker, Synchronsprecher, Drehbuchautor, Regisseur und Schauspieler. Herbig, ... richtiger Vorname Michael lautet, ist vor allem durch seine Parodien „Der Schuh des Manitu" und „(T)Raumschiff Surprise – Periode 1" bekannt, ... sowohl die Karl May Verfilmungen als auch die Serie Star Trek veralbern.

2 Die deutsche Journalistin und Fernsehmoderatorin **Dunja Hayali,** .... Eltern irakischer Abstammung sind, ist eine der interessantesten und außergewöhnlichsten Figuren der deutschen Fernsehlandschaft. Die ehemalige Tennisleistungssportlerin und Sportmoderatorin, ... seit mehreren Jahren für das öffentlich-rechtliche ZDF tätig ist, moderiert u.a. das „Morgenmagazin" des Senders, ... sonst als recht bieder gilt. Von 2007 bis 2010 war die volltätowierte Journalistin Co-Moderatorin des „heute-journal", ... politische und gesellschaftliche Themen näher beleuchtet. Privat macht sich Dunja Hayali für Flüchtlinge stark und fordert in den sozialen Netzwerken wie Facebook Akzeptanz und Verständnis.

3 Alles fing in der sonntäglichen „Lindenstraße" an: als Jo Zenker, ... sich in Gabi, die Freundin seines Vaters, verliebte, wurde **Til Schweiger,** .... auch Regisseur und Produzent ist, dem deutschen Publikum bekannt. Inzwischen ist Schweiger, ... schauspielerisches Talent auch im Ausland gefragt ist, so. z. B. 2009 in Tarantinos Film „Inglourious Basterds", in .... er einen Nazi spielt, aus der deutschen Fernseh- und Kinoszene nicht mehr wegzudenken. In mehreren seiner Filme spielen auch seine Töchter mit, z.B in den Komödien „Keinohrhasen" und „Zweiohrküken", ... in den Kinocharts unglaublich erfolgreich waren.

4 Der deutsche Simon Cowell heißt **Dieter Bohlen.** Bohlen, ... in Deutschland als Musikproduzent (er produzierte 50 Nummer-Eins-Hits weltweit), Songschreiber und Chefjuror der Sendungen „Deutschland sucht den Superstar" und „Das Supertalent" bekannt ist, war selbst Sänger in den 80er-Jahren. Mit dem Schlagersänger Thomas Anders gründete er das Pop-Duo Modern Talking, ... mit Songs wie „You're My Heart, You're My Soul" Erfolge in und außerhalb Deutschlands feierte. 1987 trennte sich Bohlen von Anders, mit .... Ehefrau Nora sich Bohlen nicht verstand, versöhnte sich mit ihm 1998 und sie produzierten zusammen ein Comeback-Album, ... weltweit erfolgreich wurde. In seinen Castingshows gilt er als Kandidatenschreck, ... den Kandidaten unverblümt die Meinung sagt und sie in ihre Schranken weist.

5 Weiterdenken

Fernsehen – Fluch oder Segen?

Im Schülerbuch wurden die Vor- und Nachteile von Castingshows diskutiert. Beziehen Sie diese Diskussion nun auf das Fernsehen selbst.

Ist das ein Argument für oder gegen das Fernsehen? Was meinen Sie? Lesen Sie die unten aufgelisteten Argumente und entscheiden Sie, in welche Spalte diese passen.

	Fluch	Segen
1 Es gibt viel niveaulose Fernsehunterhaltung.	X	
2 Das Fernsehen wird als Zeitvertreib missbraucht.		
3 Die Berichterstattung ist oft unkontrolliert.		
4 Man kann sich entspannen.		
5 Es gibt viele Sendungen, die wissenswert sind und aus denen man etwas lernen kann.		
6 Es gibt neue Studien, die zeigen, dass das Fernsehen sprachliche Auswirkungen auf Kleinkinder haben kann.		
7 Fernsehen führt zu mangelnder Bewegung und schadet der Gesundheit.		
8 Übermäßiger Fernsehkonsum führt zur sozialen Isolation.		
9 Man ist immer sofort informiert.		
10 Bei Live-Übertragungen hat man das Gefühl, bei dem Ereignis selbst dabei zu sein.		
11 Es beansprucht zu viel Zeit, die man mit anderen Aktivitäten verbringen könnte.		
12 Das Fernsehen kann Kinder überfordern und verstören.		
13 In einigen Programmen werden Schimpfwörter und Gewalt verharmlost.		
14 Man hat eine große Auswahl an Unterhaltungsprogrammen.		

6 Textverständnis

Das Fernsehverhalten der Deutschen

Wie steht es um das Fernsehverhalten der Deutschen? Mehrere Jugendliche und Erwachsene wurden zu diesem Thema befragt. Lesen Sie sich ihre Aussagen durch.

Saskia, 13: Ich sehe eigentlich nie fern – ich schaue lieber Youtube auf meinem Handy oder Laptop, z. B. „BibisBeautyPalace", weil ich das unterhaltsam und lustig finde. Bibi spricht über Themen, die mich interessieren – Klamotten, Schminke, Jungs und Musik. Letztens wollte ich mir eine neue Flechtfrisur machen und auf Youtube gab es mehrere Videos, die erklärt haben, wie das geht. Was sonst? Ach ja, ich mag auch die Musikvideos auf Youtube, z. B. von der koreanischen Boyband Super Junior – die Jungs sind süß und meine Freundinnen und ich tanzen immer ihre Choreos nach. Fernsehen ist doch eher was für ältere Leute wie meine Eltern.

Paulina, 27: Ich bin schon seit mehreren Jahren ein Fan von „Gute Zeiten Schlechte Zeiten". Ich bin Studentin in Berlin und viele der Charaktere sind in meinem Alter, studieren ebenfalls oder gehen noch zur Schule – außerdem spielt die Seifenoper auch in der Hauptstadt. Ich mag GZSZ, weil es ziemlich authentisch ist – es geht um Freundschaft, es gibt Liebeskummer, finanzielle Probleme usw. Ansonsten schau ich eher weniger fern – es gibt doch fast nur noch diese furchtbaren Scripted Reality Sendungen, an denen überhaupt nichts echt ist.

Hamit, 19: Wann ich fernsehe? Selten – ganz im Gegensatz zu meinen Eltern. Die schauen jeden Abend irgendeine Krimiserie, z.B Tatort. Ich mag eher lustige Videos auf Youtube, z. B. vom Trio Apecrime, die find ich ganz gut, weil sie Musik – und Comedyvideos – hochladen. Früher habe ich abends oft mit meinem Bruder Minecraft gespielt, aber jetzt folgen wir lieber Let's Plays von anderen Youtubern, die ihre Computerspiele kommentieren.

Rana, 16: Das Einzige, was ich mag, sind Castingshows – ich singe selbst und finde es interessant zu sehen, welche Kandidaten antreten und wer es bis in die Live Shows schafft. Klar, einige Leute, die da mitmachen, sind total peinlich und meine Freundinnen und ich lästern dann ein wenig über sie, aber gerade deswegen sind Castingshows ja so unterhaltsam. Vielleicht mach ich nächstes Jahr auch mit …

Tim, 31: Ich schaue eigentlich nur noch die Nachrichten im Fernsehen, ansonsten ausschließlich Netflix, da mich dort keine Werbung nervt und ich meine Lieblingsserien gucken kann, wann ich will. Seifenopern finde ich schrecklich. Meine kleine Schwester fand „Verbotene Liebe" toll, als die Serie noch lief, aber ich konnte überhaupt nicht verstehen, was sie daran gut fand: unrealistische Handlungsstränge, schlechte Schauspieler und dann waren die meisten Charaktere aus einer Adelsfamilie – total an der Realität vorbei.

Liselotte, 53: Ich liebe Rosamunde Pilcher Verfilmungen, die auf ZDF laufen – die sind so schön romantisch und die Landschaften sind einfach herrlich! Ganz oft wird nämlich in Südengland gedreht. Dort war ich letzten Sommer, traumhaft. Meine Tochter schaut oft Youtube, aber das interessiert mich nicht – das sind doch ganz normale Leute. Wie einige mit ihren Videos Geld verdienen, ist mir rätselhaft.

Hans, 67: Mich interessieren hauptsächlich Sportthemen … die Sportschau, die Bundesliga, Live-Spiele usw. Das ist dann so, als ob ich im Stadion sitze und nicht auf dem Sofa. Früher haben meine Frau und ich immer „Wer wird Millionär?" eingeschaltet, um mitzuraten, aber mittlerweile langweilt sie mich – also die Sendung, nicht meine Frau.

Lesen Sie die Antworten der Befragten noch einmal. Welche Tatsachen treffen auf wen zu?
Entscheiden Sie sich und kreuzen Sie das entsprechende Kästchen in der Tabelle an.

Tatsachen	Saskia	Paulina	Hamit	Rana	Tim	Liselotte	Hans
1 … folgt einer bekannten Youtuberin	X						
2 … stört sich an den Werbeunterbrechungen im Fernsehen							
3 … findet es unverständlich, dass Leute Seifenopern mögen							
4 … kann nicht nachvollziehen, wieso junge Leute Youtube Videos gut finden							
5 … findet, dass ihre Lieblingssendung durchaus dem wahren Leben entspricht							
6 … erwähnt, dass seine Eltern abends immer fernsehen							
7 … guckt gern gefühlvolle Fernsehfilme							
8 … gibt zu, dass der Fremdschämfaktor Teil der Faszination dieser Sendungen ist							
9 … informiert sich im Fernsehen über aktuelle Geschehnisse							
10 … mochte früher eine bestimmte Quizsendung							
11 … kritisiert Fernsehformate, die unechte Geschichten und Inhalte zeigen							
12 … folgt ausländischen Musikgruppen auf Youtube							
13 … hat aufgehört, selbst Videospiele zu spielen							

3.2 Kino mal auf Deutsch

1 Textverständnis

Eine fast normale Familie: „Willkommen bei den Hartmanns"

Welche Aussagen treffen auf die verschiedenen Charaktere des Films zu? Entscheiden Sie sich und kreuzen Sie das entsprechende Kästchen in der Tabelle an.

Tatsachen	Mutter	Vater	Sohn	Tochter	Flüchtling
1 … möchte sich ehrenamtlich für Flüchtlinge engagieren	X				
2 … hat Altersparanoia					
3 … hat noch keinen Studienabschluss					
4 … langweilt sich im Ruhestand					
5 … kann nicht nachvollziehen, dass die Tochter mit über 30 kinderlos ist					
6 … hat in Deutschland Asyl beantragt					
7 … vernachlässigt sein Kind					
8 … stammt aus Nigeria					
9 … ist auf seine Karriere fokussiert					
10 … leitete vor dem Ruhestand eine Schule					

2 Textverständnis

1. Teil

Good Bye, Lenin!

Deutschland 2003, 119 Minuten FSK: ab 6

Regie: Wolfgang Becker

Drehbuch: Bernd Lichtenberg, Wolfgang Becker

Kamera: Martin Kukula

Darsteller: Daniel Brühl, Katrin Saß, Florian Lukas, Chulpan Khamatova u. a.

Lenin ist von seinem Sockel gestiegen. Die Faust zum sozialistischen Gruß gereckt schwebt er von einem Helikopter baumelnd ein letztes Mal durch die Straßen der Hauptstadt. Good Bye, Lenin! Welcome D-Mark.

5 Es ist 1990, Wendezeit in Deutschland. In irrwitzigem Tempo wird der sozialistische Traum entsorgt. DDR-Produkte verschwinden aus den Regalen, Coca-Cola-Banner schmücken Plattenbauten. Eine Übernahme im Handstreich.

Christiane Kerner hat von all dem nichts mitgekriegt. Acht Monate hat die überzeugte Genossin im Koma gelegen. Nun lebt sie auf einer kleinen sozialistischen Insel mitten im brodelnden Berlin und wird von ihrem Sohn Alex mit Spreewaldgurken[1] versorgt, die 10 eigentlich schon aus dem Westen kommen. Christiane droht ein erneuter Herzinfarkt, sobald sie sich aufregt – Grund dazu gibt's mehr als genug. Und so lässt Alex auf 79 Quadratmetern Plattenbau die DDR wieder auferstehen, mit Ständchen von den jungen Pionieren und allem Drum und Dran.

2. Teil

Wolfgang Becker ist mit seinem Film ein wunderbares Schelmenstück gelungen, und 15 jeder kann sich ausmalen, welch komisches Potential in dieser grotesken Situation steckt. Doch wie bei jeder wirklich guten Komödie ist der Stoff eigentlich zutiefst tragisch. Der Film lässt noch einmal all jene zu Wort kommen, für die die Wende zu spät kam. Menschen wie Christiane, die wirklich an die sozialistische Idee glaubten und nach der Wende mit leeren Händen da standen. Für andere wieder kam die 20 Wiedervereinigung zu früh: Die Montagsmarschierer[2] haben Freiheit, Leib und Leben sicher nicht für ein Stück Westschokolade riskiert, sondern für das Recht, das eigene Schicksal mitzubestimmen. Wir sind das Volk riefen sie, und mussten dann feststellen, dass auch im Westen Volkes Stimme nur auf dem Wahlschein etwas zählt.

3. Teil

Doch im Jahre 1990 ist diese bittere Erkenntnis noch weit weg. Der Berliner Sommer 25 ist noch bunt, die große Liebe in Gestalt einer russischen Krankenschwester süß und ansonsten hat Alex mit der Aufrechterhaltung seiner gut gemeinten Scharade alle Hände voll zu tun. Die Wirklichkeit lässt sich nicht aussperren. Unaufhaltsam kriecht sie durch die Ritzen. Da sind die Kolonnen von Westautos, die plötzlich vor dem Fenster kreuzen. Da sind die neuen Nachbarn mit dem Lampenschirm aus pinkem Plüsch. 30 Um all das zu erklären, schreibt Alex kurzerhand die Geschichte um. Für seine Mutter erschafft er eine DDR aus dem marxistischen Märchenbuch. Lässt den Traum vom Sozialismus mit menschlichem Antlitz noch einmal auferstehen, bis er ihn mit einer selbstgebastelten Rakete Richtung Mond schießt, wo er in tausend glitzernden Funken zerstiebt und endgültig am Nachthimmel verglüht.

Christiane Fux, www.artechock.de

[1] **Spreewaldgurken:** eingelegte Gurken aus dem brandenburgischen Spreewald

[2] **Montagsmarschierer:** friedliche Demonstranten, die vor der Wende für eine Demokratisierung der DDR protestierten

3

Menschliche Erfindungsgabe

1 Entscheiden Sie, welcher Teil des Textes folgende Informationen über den Film enthält.
Achtung: Die Kriterien auf der rechten Seite können in mehreren Absätzen vorkommen.

a 1. Teil (Z. 1–13)   ☐

b 2. Teil (Z. 14–23)   ☐

c 3. Teil (Z. 24–34)   ☐

i Erscheinungsjahr

ii Handlung

iii Filmszenen

iv Bewertung

v Regisseur

vi Geschichtlicher Hintergrund

2 Bestimmen Sie, worauf sich die unterstrichenen Wörter beziehen und tragen Sie es in die rechte Spalte ein.

Im Text …	bezieht sich das Wort …	auf …
a die eigentlich schon aus dem Westen kommen (Z. 9)	„die"	Spreewaldgurken
b Der Film lässt noch einmal all jene zu Wort kommen (Z. 17)	„jene"	
c Unaufhaltsam kriecht sie durch die Ritzen (Z. 27)	„sie"	
d bis er ihn mit einer selbstgebastelten Rakete Richtung Mond schießt (Z. 32)	„ihn"	

3 Beantworten Sie folgende Fragen.

a Was bedeutet „Good Bye, Lenin! Welcome D-Mark" im Kontext dieses Films?

....

b Zu welcher historisch interessanten Zeit spielt der Film?

....

c Wozu entschließt sich Alex?

....

d Warum macht er das?

....

e Welche Aspekte erschweren sein Vorhaben?

....

f Was meint die Autorin mit der folgenden Aussage: „Der Film lässt noch einmal all jene zu Wort kommen, für die die Wende zu spät kam. Menschen wie Christiane, die wirklich an die sozialistische Idee glaubten und nach der Wende mit leeren Händen da standen."?

....

g Wie beurteilt die Autorin dieser Filmkritik den Film? Positiv oder negativ?

....

4 Welche Aussagen/Tatsachen treffen auf Alex, welche auf seine Mutter Christiane zu? Entscheiden Sie sich und kreuzen Sie das entsprechende Kästchen in der Tabelle an. Ein Tipp: Eine Aussage trifft sowohl auf Christiane Kerner als auch ihren Sohn Alex zu.

Tatsachen	Alex Kerner	Christiane Kerner
a ... ist eine engagierte DDR-Bürgerin		X
b ... verliebt sich während der Wiedervereinigung		
c ... bekommt vom Mauerfall nichts mit		
d ... ist immer noch gesundheitlich angeschlagen		
e ... glaubt, seiner Familie mit seinem Vorhaben zu helfen		
f ... kauft West-Produkte auf, um sie als DDR-Produkte auszugeben		
g ... reanimiert die DDR, obwohl sie längst nicht mehr existiert		
h ... engagiert Jungpioniere, um der Familie ein Lied vorzutragen		
i ... lebt in Ost-Berlin		
j ... lag längere Zeit im Koma		

3 Grammatik unter der Lupe

Relativpronomen

Wie gut kennen Sie sich mit Relativpronomen aus? Relativpronomen leiten Relativsätze ein, die ein Bezugswort im Hauptsatz genauer erklären. Vor dem Relativpronomen kann auch eine Präposition stehen, z. B. „über". Relativpronomen sind ersetzbar durch „welcher", „welche" und „welches". Wiederholen Sie die Deklination der Relativpronomen in der unten aufgeführten Tabelle.

	Singular			Plural
	Maskulin	Feminin	Neutral	
Nominativ	der	die	das	die
Genitiv	dessen	deren	dessen	deren
Dativ	dem	der	dem	denen
Akkusativ	den	die	das	die

Ergänzen Sie nun die richtigen Relativpronomen.

1 Daniel Brühl ist ein deutsch-spanischer Schauspieler, ...
das Kinopublikum vor allem aus Wolfgang Beckers Wende-Komödie „Good Bye,
Lenin!" kennt.

2 Brühl, ... die Rolle des Alex Kerner spielt, ist einer der
erfolgreichsten, bekanntesten und vielbeschäftigtsten Schauspieler Deutschlands.

3 Der Schauspieler, ... Mutter Spanierin ist und
.... voller Name Daniel Cesar Martin Brühl Gonzales
lautet, ist der Sohn des deutsch-brasilianischen Fernsehregisseurs Hanno Brühl,
.... 2010 verstarb.

4 Folglich wuchs Daniel Brühl, ...1978 in Spanien geboren
wurde, zweisprachig auf.

5 Aufgrund seiner Zweisprachigkeit, ... er stets als
großes Glück empfand, wirkte er auch in spanischsprachigen Projekten wie
„Salvador" mit.

6 An Beckers Film, ... er seinen Durchbruch verdankt, gefiel
ihm die gelungene Mischung aus Tragik und Komik.

7 In die Rolle des Alex Kerner, ... das Wohl seiner Familie am
Herzen liegt und .... ein sympathischer junger Mann ist,
konnte sich Daniel Brühl gut hineinversetzen.

8 Seine Filmmutter, ... gesundheitlicher Zustand alles
andere als stabil ist, wird von der Schauspielerin Katrin Saß dargestellt,
.... selbst DDR-Bürgerin war, jedoch weniger regimetreu als
Christiane Kerner.

9 Weitere deutsche Filme, in .... er mitwirkte, sind
„Das weisse Rauschen", „Nichts bereuen", „Was nützt die Liebe in Gedanken",
„Die fetten Jahre sind vorbei" und „Der ganz große Traum".

10 Auch auf internationaler Ebene ist er erfolgreich – er spielte in „Die Bourne
Verschwörung" und in Quentin Tarantinos Film „Inglourious Basterds" mit, in
.... er neben Hollywoodgrößen wie Brad Pitt und Michael
Fassbender, ... ebenfalls zweisprachig ist, agierte.

11 2016 spielte er in der Marvel Comicverfilmung „Captain America: Civil War" den
Bösewicht Baron Zemo, eine Rolle, ... ihm großen Spaß
machte, da er endlich einmal einen Schurken verkörpern durfte.

4 Wortschatz

Die DDR

1 Das geteilte Deutschland wird mit bestimmten Begriffen verbunden. Ordnen Sie die folgenden Begriffe den jeweiligen Kurzdefinitionen zu.

a DDR ☐

b BRD ☐

c DDR-MARK ☐

d INTERSHOP ☐

e WENDE ☐

f WIEDERVEREINIGUNG ☐

g PLATTENBAU ☐

h JUNGPIONIERE ☐

i SOZIALISMUS ☐

j KAPITALISMUS ☐

k TRABANT ☐

l DATSCHE ☐

m STASI ☐

n SANDMÄNNCHEN ☐

o ERICH HONECKER ☐

i politische Ideologie, die auf eine gerechte Verteilung von Besitz abzielt

ii die Währung der DDR

iii Bundesrepublik Deutschland

iv Als der Sozialismus in der DDR zusammenbrach und sich die DDR auflöste

v der Prozess, der auf die Wende folgte und das geteilte Deutschland zu einem Gesamtdeutschland vereinte

vi eine Organisation für Schulkinder

vii ein Geschäft in der DDR, in dem West-Produkte mit Westgeld gekauft werden konnten

viii Deutsche Demokratische Republik

ix ein Auto mit Zweitaktmotor (ein einfacher, kostengünstiger Motor)

x ein Wochenendhaus

xi der geheime Staatsdienst der DDR mit ausgeprägtem Spitzelapparat gegen die eigene Bevölkerung

xii der mächtigste DDR-Politiker und Vorsitzender der SED★

xiii ein kleiner bärtiger Mann und Star der gleichnamigen Kindersendung, der den Kindern Schlafsand in die Augen streut, damit sie müde werden und angenehme Träume haben

xiv Wohnhäuser, die in Plattenbauweise konstruiert sind

xv eine politische Weltanschauung, in der eine freie Marktwirtschaft herrscht und Privateigentum existiert

★ Anmerkung: SED – die Sozialistische Einheitspartei Deutschlands: die Staatspartei der DDR

3

Menschliche Erfindungsgabe

2   Finden Sie die nun die obigen Begriffe im Kreuzworträtsel.

Waagerecht

1   ein kleiner bärtiger Mann und Star der gleichnamigen Kindersendung, der den Kindern Schlafsand in die Augen streut, damit sie müde werden und angenehme Träume haben

3   die Währung der DDR

8   der Prozess, der auf die Wende folgte und das geteilte Deutschland zu einem Gesamtdeutschland vereinte

9   Wohnhäuser, die in Plattenbauweise konstruiert sind

10 Als der Sozialismus in der DDR zusammenbrach und sich die DDR auflöste

11 eine Organisation für Schulkinder

12 politische Ideologie der DDR, in der die Verteilung von Besitz und Gütern gerecht geschehen soll

13 ein Geschäft in der DDR, in dem West-Produkte mit Westgeld gekauft werden konnten

Senkrecht

1   der geheime Staatsdienst der DDR mit ausgeprägtem Spitzelapparat gegen die eigene Bevölkerung

2   ein Auto mit Zweitaktmotor

3   ein Wochenendhaus

4   eine politische Weltanschauung, in der eine freie Marktwirtschaft herrscht und Privateigentum existiert

5   Bundesrepublik Deutschland

6   Deutsche Demokratische Republik

7   der mächtigste DDR-Politiker und Vorsitzender der SED

3.3 Musik heute

1 Textverständnis

Der folgende Text ist ein Zeitschriftenartikel über einen jungen Mann, der den ganzen Sommer lang von Festival zu Festival reist. Im letzten Teil des Textes fehlen Wörter, die Sie im vierten Schritt der Textverständnisübung einordnen müssen.

Festival-Hopping für Fortgeschrittene:
Drei Monate Wahnsinn

Neun Monate studieren, drei Monate rocken: Der Musikfan Anders Mogensen hat zwei Leben, die Festivalsaison ist für ihn die beste Zeit des Jahres. Per Anhalter reist er dann von einer Veranstaltung zur anderen – das nächste Ticket finanziert er mit eingesammelten Pfanddosen.

5 Speckig und zerfranst baumeln die bunten Eintrittsbänder an den Handgelenken von Anders Mogensen. Elf Stück hat er dieses Jahr gesammelt, elf Musikfestivals in drei Monaten: „Das war mein Sommer", sagt er, setzt die Schere an und schneidet die Bändchen ab. Er hortet sie wie Trophäen, legt sie zu den anderen in eine Schublade an seinem Schreibtisch. Bis oben hin voll ist die, so voll, dass
10 Anders sie kaum zukriegt. [...]

Von Ende Juni an war der gebürtige Däne mehr als drei Monate lang unterwegs. Fast 12.000 Kilometer trampte er durch Dänemark, Norwegen, Schweden, Deutschland, Frankreich und Spanien. Zuletzt war er auf einem kleinen spanischen Open Air in Tobarra südlich von Albacete, hat dann noch ein paar Tage im Zelt am
15 Strand verbracht, sich Valencia angesehen und einen Zwischenstopp in Barcelona eingelegt, ehe er es in vier Tagen per Anhalter nach Hause schaffte.

Diese Art von Tour macht Anders jeden Sommer. Ein kleiner Rucksack für seine Klamotten, Zelt und Schlafsack, dazu sein Tagebuch, in das er Hunderte Events mit Datum eingetragen hat – das ist alles, was er dabeihaben muss.

20 Der Geruch von Grillwurst, Bier und verschwitzten Menschen. Der Gestank von Urin, Müll und frisch Erbrochenem. Staubgeschmack im Mund, lange Schlangen vor den Festival-Toiletten. Das Essen kommt aus der Dose. „Und überall sieht man glückliche Gesichter", sagt Anders. „Die Leute lieben diesen Ausnahmezustand, weil sie wissen, dass er nicht von Dauer sein wird." Doch Anders reichen ein paar
25 Tage ohne Tabus nicht. Seit 2006 reist er mindestens zwei Monate im Jahr von Festival zu Festival. Zehn schafft er immer. In einem Jahr waren es sogar 14.

Meist sehen seine Touren wie die Drehbücher eines wirren Roadmovies aus – einmal quer durch Europa bitte. „Oft muss ich spontan entscheiden, wo es als Nächstes hingehen soll und welches Open Air zu erreichen ist", erklärt er. Für
30 gewöhnlich wartet er bis zum Ende des Sommersemesters, ehe er aufbricht, in diesem Jahr aber hat er wieder einmal sein Heimat-Open-Air im dänischen Roskilde besuchen wollen – mit knapp 115.000 Menschen eines der größten europäischen Festivals, rund 40 Kilometer westlich der dänischen Hauptstadt. Dort hat er viele Freunde getroffen, ganz in der Nähe leben seine Eltern.

35 ▶ Es folgten das Norway Rock Festival im südnorwegischen Kvinesdal und das Tromsø Open Air, 350 Kilometer nördlich des Polarkreises. „Ich hatte großes Glück, im Süden lernte ich jemanden kennen, der bis Trondheim fuhr und dort jemanden kannte, der mich bis Tromsø mitnehmen konnte. 2200 Kilometer in zwei Tagen."

40 ▶ Vom Polarmeer ging es weiter nach Schweden zum Storsjöyran, einem Open Air mit 30.000 Menschen in Östersund, Anfang August dann nach Uppsala zu einem Reggae-Festival. Nach dem Oya-Festival in Oslo, dem Highfield südlich von Erfurt und dem Chiemsee Reggae Summer legte Anders eine Woche Pause bei Freunden in Freiburg ein, ehe er nach Straßburg zum Interferences, zu zwei

45 ▶ Festivals in Spanien und schließlich nach Hause trampte.

Wenn er erzählt, wie er einmal sechs Stunden in einem Kofferraum mitfuhr, weil vorne kein Platz mehr war, dass er ständig Menschen kennenlernt, die ihn nicht nur mitnehmen, sondern auch bei sich auf dem Sofa übernachten lassen und das Abendessen und das Frühstück teilen, klingt das völlig gewöhnlich, wie Dinge, die

50 ▶ jeden Tag passieren. „Diese Hilfsbereitschaft ist aber natürlich etwas Besonderes", betont er, „ohne sie würde ich meine beiden Hobbys, Musik und Reisen, nicht verbinden können." Meist halte er sich an Lkws, „so schaffe ich mehrere hundert Kilometer am Stück und die Fahrer freuen sich über Gesellschaft".

Für Essen oder Fährtickets hat er in den letzten drei Monaten rund 1300 Euro

55 ▶ seines Ersparten ausgegeben. „Das hätte ich auch zu Hause gebraucht", sagt er, „doch skandinavische Festivals sind teurer als anderswo – ich musste viel arbeiten." Um sich das Ticket für das nächste Open Air zu verdienen, sammelt er am letzten Festivaltag immer Dosen und Flaschen. „Es ist ganz einfach", sagt Anders, „je mehr Menschen, desto mehr Pfand."

60 ▶ Zu Hause ist er anders, sagen seine Freunde. Da ist er (a) .... zielgerichtet, fast schon strebsam und (b) ...., wenn es um das Schreiben einer Hausarbeit oder das (c) .... einer Prüfung geht. Auch Essen aus Dosen wird man bei ihm (d) .... suchen. „Drei Viertel des Jahres bin ich ordentlich und sehr ehrgeizig, drei Monate lasse ich

65 ▶ mich (e) ....", erzählt er, „es ist ein bisschen so, als ob ich zwei Leben hätte." Die Festivalzeit koste unglaublich viel Kraft, sagt Anders, aber sie gebe ihm (f) .... für den Rest des Jahres Energie. „Ich brauche diesen Kontrast – sonst wäre das Leben zu langweilig."

Oliver Lück, www.spiegel.de

1   Beantworten Sie die folgenden Fragen zum Text.

    a   Wie erklärt Anders seine Leidenschaft?

    b   Welche Erinnerungsstücke hebt er sich von seinen Festivals auf?

    c   Wie kann er sich seine häufigen Reisen leisten?

    d   Was halten Sie von seiner Art zu reisen?

2   Die folgenden Aussagen beziehen sich auf Z. 1–59. Kreuzen Sie an, ob sie aufgrund des Textes richtig oder falsch sind. Begründen Sie Ihre Antwort mit Informationen aus dem Text.

		richtig	falsch
a	Anders kommt ursprünglich aus Skandinavien.	X	☐

    Begründung: *der gebürtige Däne*

		richtig	falsch
b	Anders besucht gern Festivals überall in Europa.	☐	☐

    Begründung:

		richtig	falsch
c	Der einzige Nachteil bei Festivals sind die schlechten hygienischen Bedingungen.	☐	☐

    Begründung:

		richtig	falsch
d	Er legt selten genau fest, wo er wann hinfährt.	☐	☐

    Begründung:

		richtig	falsch
e	Anders finanziert seine Reisen einzig durch das Sammeln von Pfandflaschen.	☐	☐

    Begründung:

3

Menschliche Erfindungsgabe

3 Die nächsten Fragen beziehen sich auf die ersten zwei Teile (Z. 1–59). Welche Wörter in der rechten Spalte entsprechen am besten den Wörtern aus dem Text in der linken Spalte?

a   Wahnsinn (Überschrift) ☐

b   hortet (Z. 8) ☐

c   trampte (Z. 12) ☐

d   Gestank (Z. 20) ☐

e   Ausnahmezustand (Z. 23) ☐

f   Dauer (Z. 24) ☐

g   reichen (Z. 24) ☐

i   sammelt
ii   Geschmack
iii   Wohngebiete
iv   Verrücktheit
v   Kombination
vi   fuhr bei anderen mit
vii   genügen

viii zufrieden sein mit
ix   Sonderfall
x   schlechter Geruch
xi   Länge

4 Im letzten Teil des Textes (Z. 60–68) fehlen Wörter. Suchen Sie für jede Lücke im Text das passende Wort von der folgenden Liste aus.

a   ☐
b   ☐
c   ☐
d   ☐
e   ☐
f   ☐

i   LOCKER
ii   NICHT
iii   VERBISSEN
iv   KAUM
v   TREIBEN
vi   TROTZDEM

vii   GEHEN
viii BESTEHEN
ix   VERGEBLICH
x   EHER
xi   TEILNAHME

2 Kreuzworträtsel

Lösen Sie das Kreuzworträtsel. Beziehen Sie sich dabei auf Angaben aus dem Text.

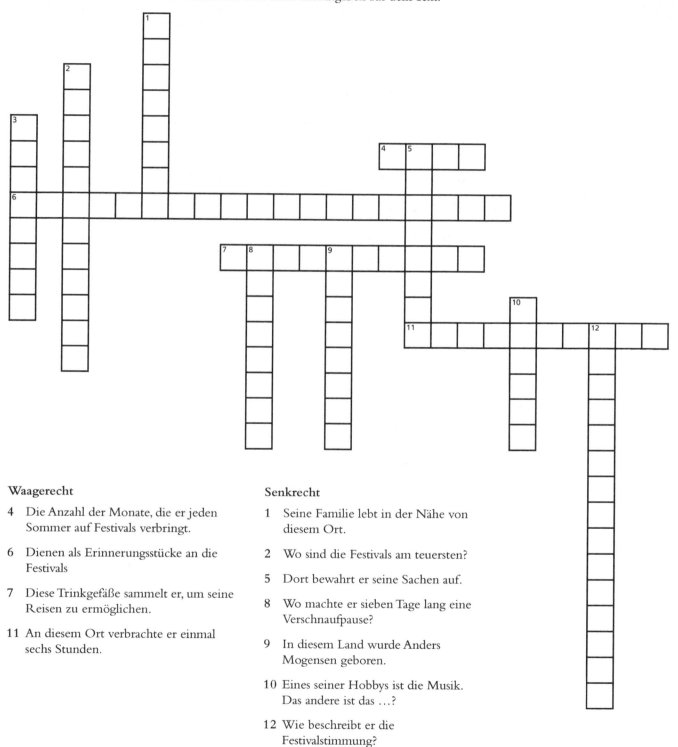

Waagerecht

4 Die Anzahl der Monate, die er jeden Sommer auf Festivals verbringt.

6 Dienen als Erinnerungsstücke an die Festivals

7 Diese Trinkgefäße sammelt er, um seine Reisen zu ermöglichen.

11 An diesem Ort verbrachte er einmal sechs Stunden.

Senkrecht

1 Seine Familie lebt in der Nähe von diesem Ort.

2 Wo sind die Festivals am teuersten?

5 Dort bewahrt er seine Sachen auf.

8 Wo machte er sieben Tage lang eine Verschnaufpause?

9 In diesem Land wurde Anders Mogensen geboren.

10 Eines seiner Hobbys ist die Musik. Das andere ist das …?

12 Wie beschreibt er die Festivalstimmung?

3.4 Werbung: Spaß, Verdummung oder Manipulation?

1 Zur Diskussion

Welcher Werbespruch wirbt für welches Produkt? Ordnen Sie die Paare einander zu und besprechen Sie Ihre Entscheidungen mit einem Mitschüler.

1	Wecke den Tiger in dir!	☐	a	Ritter Sport
2	Essen gut, alles gut.	☐	b	VISA
3	Die Freiheit nehm' ich mir.	☐	c	Axe-Deodorant
4	Quadratisch. Praktisch. Gut.	☐	d	Kelloggs Frosties
5	Der Duft, der Frauen provoziert.	☐	e	Ikea
6	Wohnst du noch oder lebst du schon?	☐	f	Knorr Saucen
7	Hat dein Immunsystem schon gefrühstückt?	☐	g	Duplo
8	Vorsprung durch Technik.	☐	h	Actimel
9	Die längste Praline der Welt.	☐	i	Frankfurter Allgemeine Zeitung
10	„Mutti, Mutti, er hat überhaupt nicht gebohrt!"	☐	j	Audi
11	Dahinter steckt ein kluger Kopf.	☐	k	Colgate Zahncreme

2 Textverständnis

Lesen Sie nun einen humoristischen Ansatz zur Welt der Werbung vom
italienischen Fotografen Oliviero Toscani.

... die beste aller Welten

Halleluja! Treten Sie ein in die beste aller Welten, das Paradies auf Erden, das
Reich der Glückseligkeit, der sicheren Erfolge und der ewigen Jugend. In diesem
Wunderland mit immer blauem Himmel trübt kein saurer Regen das glänzende
Grün der Blätter, nicht der kleinste Pickel wölbt die babyrosa Haut der Mädchen,

5 und niemals verunziert ein Kratzer die spiegelblanken Karosserien der Autos.
Auf leer gefegten Straßen fahren junge Frauen mit langen, braun gebrannten
Beinen in schimmernden Limousinen, die soeben aus der Waschanlage kommen.
Unfälle, Glatteis, Radarkontrollen und geplatzte Reifen sind ihnen fremd. Wie Aale
schlängeln sie sich durch die Staus der Großstädte, gleiten geräuschlos zu geräumigen

10 Altbauwohnungen oder zu luxuriösen Wochenendhäusern mit unbezahlbaren
Möbeln.

Dort erwarten sie Opapa und Omama – natürlich in Topform – inmitten eines
Blumenmeeres und zu den heiteren Klängen eines Violinkonzerts. Die Kinder
hüpfen lachend um sie herum und sind außer sich vor Freude. Sie weinen nicht

15 mehr, bekommen nie Läuse oder Scharlach und sie stecken auch niemals die Finger
in die Steckdose. Ihre Mami – zwanzig Jahre alt, kein Gramm Zellulitis und ohne
einen einzigen Schwangerschaftsstreifen – wickelt singend die strammen Babypopos,
die niemals vollgeschissen sind, sondern wunderbar duften.

Gut aussehende junge Banker empfangen Papi, ihren besten Freund, in ihren

20 Bürolandschaften und versprechen ihm das süße Leben. Keine Engpässe mehr am
Monatsende, Kredite, Finanzierungspläne, Rentenversicherung, Bausparpläne – kein
Problem! Aufgeklärt, ach was: erleuchtet geht Papi nach Hause, jetzt ist Schluss mit
der Krise, Schluss mit Entlassungen, Arbeitslosigkeit, Konkursverfahren. Mit seiner
neuen Kreditkarte gehört ihm die Welt, er kann mal eben nach Saint-Tropez oder

25 nach Bangkok jetten, mit Sohnemann auf den Malediven Haie fischen oder sich in
einem Vier-Sterne-Hotel in Guayaquil mit Mädchen in String-Bikinis amüsieren.
Keine schlaflosen Nächte mehr, es genügt, die Zauberkarte in den Traumautomaten
zu schieben – lebe jetzt, zahle später. Begeistert ruft er, Telefonrechnung hin oder
her, Mami an, die sich eine ihrer zahllosen Schönheitskuren in den Bergen oder an

30 einem Palmenstrand, (aber ohne Eingeborene) gönnt.

Wozu sich Sorgen machen? Braun gebrannte Vierziger hinter imposanten
Schreibtischen kümmern sich um alles und versichern Sie gegen alle Risiken und
alle Krankheiten – aber psst! dieses Wort ist hier verboten! Sie erstatten Ihnen,
ohne mit der Wimper zu zucken, alle Arztkosten und sorgen dafür, dass Sie Ihren

35 Ruhestand in einem Landhaus mit nachgemachtem Fachwerk und altmodischem
Kachelofen verbringen können.

Oliviero Toscani

Zitiert nach: Deutsch: Profile. Schoeningh Verlag

Menschliche Erfindungsgabe

1 Kreuzen Sie an, welche Aussagen auf „… die beste aller Welten" zutreffen.

a   Es gibt keine Verlierer.

b   Manchmal ist das Wetter nicht so schön.

c   Verkehrsprobleme existieren nicht.

d   Selbst Senioren haben keine gesundheitlichen Beschwerden.

e   Finanzielle Engpässe gibt es nur selten.

f   Die Familie ist perfekt.

g   Schönheitskuren finden ausschließlich in den Bergen statt.

h   Man kann unbeschwert überall hinreisen.

i   Der Nachwuchs ist kerngesund, unproblematisch und fröhlich.

j   Seinen Ruhestand kann man ohne Sorgen verbringen.

k   Es gibt keine schlaflosen Nächte.

l   Arztkosten gibt es nicht, da niemand krank wird.

m   Trotzdem gibt es viele Arbeitslose.

n   Mithilfe der neuen Kreditkarte kann man sich alles leisten.

2 Um welche Textsorte handelt es sich bei diesem Text?

A   Glosse   C   Stellungnahme

B   Bericht   D   Rede

3 Wie ist das Frauenbild in diesem Text?

A   sexistisch   C   unrealistisch

B   positiv   D   realistisch

4 Bestimmen Sie, worauf sich die unterstrichenen Wörter aus dem Text beziehen und tragen Sie es in die rechte Spalte ein.

Im Text …	bezieht sich das Wort …	auf …
a die soeben aus der Waschanlage kommen (Z. 7)	„die"	Limousinen
b sind ihnen fremd (Z. 8)	„ihnen"	
c sie stecken auch niemals die Finger in die Steckdose (Z. 15)	„sie"	
d versprechen ihm das süße Leben (Z. 20)	„ihm"	
e Sie erstatten Ihnen (Z. 33)	„Ihnen"	

5 Im Text gibt es viele Nomen, von denen einige hier aufgelistet sind. Bilden Sie nun die entsprechenden Adjektive.

Nomen	Adjektiv
Paradies	*paradiesisch*
Glückseligkeit	
Erfolg	
Jugend	
Problem	
Arbeitslosigkeit	
Risiko	
Krankheit	

3 Wortschatz

Adjektive

1 In dem Text kommt eine Vielzahl von Adjektiven vor. Ordnen Sie diese Wörter den folgenden Definitionen zu.

a ewig ☐   i etwas, das schimmert

b glänzend ☐   ii ein attraktives Äußeres besitzen

c spiegelblank ☐   iii beeindruckend

d schimmernd ☐   iv wenn man nachts einfach nicht schlafen kann

e fremd ☐   v keinen Laut machen

f geräuschlos ☐   vi etwas ist nicht vertraut, unbekannt, anders

g heiter ☐   vii jemand hat eine kräftige Statur

h stramm ☐   viii fröhlich sein

i gutaussehend ☐   ix nicht der aktuellen Mode entsprechend

j schlaflos ☐   x leuchtend

k begeistert ☐   xi enthusiastisch, euphorisch

l braungebrannt ☐   xii ein Zustand, der sehr lange andauert

m imposant ☐   xiii ein Gegenstand ist so sauber, dass man sich darin sehen kann

n altmodisch ☐   xiv von der Sonne gebräunt

2 Ergänzen Sie nun die passenden Adjektive.

Die 16-jährige Ashley aus dem kleinen Städtchen Albany im amerikanischen Bundesstaat Illinois verbrachte letzten Sommer drei Wochen in Berlin.

Vor ihrer Reise nach Deutschland war Ashley ziemlich nervös, da sie noch nie ohne ihre Familie verreist war. Ihre Gastfamilie kannte sie nicht und ihre Deutschkenntnisse waren begrenzt. Es kam ihr vor, als hätte sie die Nacht vor dem Abflug [a] .... verbracht. Anfangs fühlte sie sich in der Großstadt ziemlich [b] ...., aber das ging schnell vorbei. Das Wetter war sonnig und [c] .... und ihre Gastfamilie sehr freundlich, so dass sich Ashley nach nur wenigen Tagen heimisch fühlte. Mit ihrer gleichaltrigen Gastschwester Laura schaute sie sich viele Sehenswürdigkeiten der Hauptstadt an – das Holocaust Denkmal, das Brandenburger Tor, Checkpoint Charlie, die Siegessäule und viele andere.

Die [d] .... gläserne Kuppel des Reichstags fand sie besonders [e] .... Man konnte sich spiegeln, denn die Fenster waren [f] .... Ein Wochenende verbrachte Ashley mit ihrer Gastfamilie am Wannsee. Sie betrachtete das [g] .... Wasser des Wannsees, das sie ein wenig an Lake Michigan erinnerte. Laura war ganz [h] ...., wie [i] .... Ashley nach dem Ausflug war. Ashley hingegen war ganz [j] .... von den vielen [k] .... jungen Männern mit [l] .... Waden.

Besonders gern ging sie in die [m] .... eingerichteten, gemütlichen Cafés im Prenzlauer Berg, in denen sie [n] .... hätte sitzen und Leute beobachten können.

In Berlin war immer etwas los, immer laut, immer in Bewegung – ganz anders als in ihrer Heimatstadt, deren Straßen nachts fast [o] .... waren.

---

4 Wortschatz

Ausrufe und Empfindungswörter

1 Toscanis bissiger Text beginnt mit dem Ausruf „Halleluja".
Was drückt dieser Begriff aus?

A Verärgerung

B Wut

C Freude

D Verwunderung

2 Ausrufe, sogenannte Empfindungswörter oder auch Interjektionen genannt, werden verwendet, um Gefühle des Sprechers zu vermitteln. Meist sind sie recht umgangssprachlich und lassen sich in Freude, Verärgerung, Bewunderung und Erstaunen einteilen. Ihnen folgt stets ein Ausrufezeichen, um das Gefühl zu verstärken. Wichtig ist die richtige Intonation!

Ordnen Sie die folgenden Ausrufe in die entsprechenden Kategorien ein. Achtung: einige Beispiele lassen sich mehr als einer Kategorie zuordnen.

Ach!	Mein Gott nochmal!	Mein lieber Mann!	Juhu!
Oje!	Donnerwetter!	Ach du meine Güte!	Juchhe!
Mensch!	Mein alter Schwede!	Ist es denn die Möglichkeit?	Herrschaftszeiten!
Verdammt!	Ach du dickes Ei!		Menschenskind nochmal!

Freude/Bewunderung	Erstaunen/ Verwunderung	Verärgerung/ Bestürzung

Beispiele:

Juhu! Endlich habe ich meinen Führerschein!

Ach du meine Güte! Du bist wieder durch die Matheprüfung gefallen?!

Herrschaftszeiten, unsere Miete wurde erhöht!

5 Sprache unter der Lupe

Wiederholung

Ergänzen Sie die Sätze mit den richtigen **Präpositionen**, **Artikeln** und **Adjektivendungen**.

1 Man fährt .... leer .... Straßen.

2 Mädchen haben keine Verunreinigungen .... Gesicht.

3 Man wohnt in Luxuswohnungen .... teurer Einrichtung.

4 Die Großeltern stehen .... ein .... Blumenmeer.

5 .... Mami der Kinder ist eine jung...................... Frau.

6 .... Babypopos riechen wunderbar.

7 .... Banker sprechen .... Papi .... Büro.

8 Glücklich fährt .... Papi .... Hause.

9 .... seiner neuen Kreditkarte kann er ein...................... Südseeinselurlaub machen und sich .... jung...................... Frauen vergnügen.

10 .... Mami ist währenddessen .... Strand oder .... Bergen.

6 Grammatik unter der Lupe

Das Passiv

1 Setzen Sie die Sätze ins Passiv.

    a Junge Frauen fahren schimmernde Luxusautos.

    ....

    b Die Mami wickelt die wunderbar riechenden Kinderpopos.

    ....

    c Sie bewohnen geräumige Luxusapartments.

    ....

    d Die gutaussehenden Banker versprechen dem Papi das süße Leben.

    ....

    e Der Papi ruft die Mami während ihres Auslandsaufenthalts an.

    ....

2 Wandeln Sie die folgenden Aussagen über Oliviero Toscani ins Passiv um.

    a Der italienische Fotograf Oliviero Toscani entwarf die provokanten Benetton-Werbekampagnen von 1982–2000.

    ....

    b Er sprach Tabuthemen wie HIV, Behinderung und Rassismus an.

    ....

    c Die Öffentlichkeit fand seine Werbekampagnen schockierend und geschmacklos.

    ....

    d Toscani kritisierte ebenfalls die Todesstrafe in den USA.

    ....

    e Die Firma Benetton beendete die Zusammenarbeit mit Toscani im Jahr 2000.

    ....

7 Wortschatz

Fragewörter und Gegensätze

1 Wie heißen die Fragewörter?

    a .... fahren die jungen Frauen durch die Stadt?

    b .... kommen ihre Limousinen gerade?

    c .... versprechen die Banker dem Vater?

d .... kann sich der Vater alles kaufen?

e .... Aktivitäten kann er sich leisten?

f .... erwartet sie inmitten eines Blumenmeers?

g .... bezahlt er seine exklusiven Reisen?

h .... ruft der Papi an?

i .... macht die Mami ihre Verschönerungsmaßnahmen?

j .... werden die Arztkosten erstattet?

2 Wie heißt das Gegenteil? Beziehen Sie sich auf Toscanis Text.

a Die Frauen sind alt. Nein, sie sind ....

b Der Himmel ist grau. Nein, er ist ....

c Die Straßen sind voller Autos. Nein, sie sind ....

d Die Wochenendhäuser sind einfach eingerichtet. Nein, sie sind ....
eingerichtet.

e Die Kinder sind launisch. Nein, sie sind ....

f Die jungen Banker sind unattraktiv. Nein, sie sind ....

g Die Mami macht nur wenige Schönheitskuren. Nein, sie macht ....
Schönheitskuren.

8 Mündliche Übung

Wie weit darf Werbung gehen? Diskutieren Sie in kleinen Gruppen und berücksichtigen Sie
dabei, was Sie über Oliviero Toscanis Schockwerbekampagnen erfahren haben. Recherchieren
Sie ggf. ein wenig mehr darüber.

9 Quiz

Entscheiden Sie, welche Werbeslogans in der rechten Spalte den Produkten in der linken Spalte
am besten entsprechen.

a	Duschgel		i	Für das Beste im Mann.
b	Orangensaft		ii	Abschalten können Sie woanders.
c	Kaffee		iii	Schreib mal wieder.
d	Waschmittel		iv	Hält entscheidend länger.
e	Hundefutter		v	Sahne bis zum letzten Löffel.
f	Zeitschrift		vi	Medizin deines Lebens.

g	Batterien	☐
h	Post	☐
i	Kreditkarte	☐
j	Hustenbonbons	☐
k	Kartoffelpuffer	☐
l	Autofirma	☐
m	Fernsehkanal	☐
n	Schmerzmittel	☐
o	Joghurt	☐
p	Einwegrasierer	☐
q	Putzmittel	☐

vii   Das jüngste Gericht.

viii Die wirken und schmecken.

ix   Für kleine Hunde mit großen Ansprüchen.

x   Nur Fliegen ist schöner.

xi   Waschmaschinen halten länger mit Calgon.

xii   Willkommen im Leben.

xiii Die unendliche Frische.

xiv   Halbes Koffein, volles Verwöhnaroma.

xv   Keine Angst vor der Wahrheit.

xvi   Scheuerfrei löst er den Schmutz auf, dass man sich drin spiegeln kann.

xvii So fruchtig kann Erfrischung sein.

---

10 Wortschatz

Werbung

Suchen Sie die folgenden mit der Werbung assoziierten Begriffe.

E	G	I	E	Z	N	A	E	B	R	E	W	M	I	W
T	F	A	H	C	S	T	O	B	R	A	Z	A	R	E
K	O	N	S	U	M	E	N	T	N	U	H	R	O	R
O	G	O	L	G	W	V	D	S	T	F	N	K	E	B
G	E	S	T	A	L	T	U	N	G	M	I	E	V	E
T	K	U	D	O	R	P	W	V	O	E	U	N	R	A
S	C	H	L	E	I	C	H	W	E	R	B	U	N	G
Q	Z	T	W	Z	N	E	R	R	U	K	N	O	K	E
U	B	G	N	U	D	I	E	H	C	S	T	N	E	N
A	G	N	U	M	H	E	N	R	H	A	W	X	M	T
L	P	R	E	I	S	E	O	P	S	M	R	G	U	U
I	W	A	S	Q	J	P	W	T	Y	K	V	H	S	R
T	Z	I	E	L	G	R	U	P	P	E	E	T	N	J
Ä	M	A	N	I	P	U	L	A	T	I	O	N	O	R
T	B	W	E	R	B	E	T	E	X	T	E	R	K	A

ENTSCHEIDUNG	BOTSCHAFT	GESTALTUNG
KONKURRENZ	KONSUM	KONSUMENT
MANIPULATION	PREIS	MARKE
PRODUKT	SCHLEICHWERBUNG	WERBEAGENTUR
WERBEANZEIGE	QUALITÄT	LOGO
WERBETEXTER	ZIELGRUPPE	WAHRNEHMUNG
AUFMERKSAMKEIT		

11 Schriftliche Übungen

1 Verfassen Sie einen Blogeintrag zu einer Werbekampagne, die Sie besonders beeindruckt, verärgert oder schockiert hat.

2 Inwiefern werden wir durch Werbung beeinflusst? Schreiben Sie einen Artikel für Ihre Schülerzeitung.

3 Erstellen Sie eine Werbeanzeige für ein Produkt Ihrer Wahl (Zahnpasta, Schokoriegel, Getränk, Laptop, Handy usw.). Seien Sie so kreativ wie möglich, denn Ihr Anliegen ist es, dieses Produkt möglichst interessant anzupreisen und es von der Konkurrenz abzusetzen.

4 Schreiben Sie einen Zeitungsbericht mit dem Titel „Unterschiede und Ähnlichkeiten zwischen Werbung und Propaganda".

5 Entwerfen Sie in einer Gruppe von mehreren Personen eine Werbekampagne für ein bereits existentes Produkt (Coca-Cola, Haribo, Kinderschokolade, Apple, Samsung, Doritos usw.). Berücksichtigen Sie dabei die Zielgruppe dieser Marke und entwerfen Sie verschiedene Werbeplakate und/oder Werbevideos mit Ihren Mitschülern, wobei Sie visuelle und sprachliche Mittel gekonnt einsetzen sollen, um Ihr Produkt „an den Mann zu bringen". Nach der Fertigstellung der Werbekampagne können verschiedene Gruppen gegeneinander antreten und jüngere Mitschüler darüber entscheiden lassen, welche Gruppe die beste Kampagne kreiert hat.

6 Stellen Sie sich vor, Sie sind Journalist bei einem Jugendmagazin und erstellen ein Interview zum Thema „Manipulation Jugendlicher durch Werbung". Sie sprechen mit einem Angestellten aus der Werbebranche, der Person, die den Artikel „Die Macht der Werbung" geschrieben hat. Beziehen Sie sich bei der Planung Ihres Interviews sowohl auf den Inhalt des Artikels, als auch auf Ihre Diskussionen mit Mitschülern.

12 Mündliche Übung

Arbeiten Sie in Gruppen von drei bis vier Personen. Suchen Sie sich jeweils eine bestimmte Werbeanzeige oder Werbekampagne aus. Betrachten und besprechen Sie mit Ihren Mitschülern die verschiedenen Werbeanzeigen oder Werbekampagnen auf deren Produkt, Botschaft, gestalterische Mittel, visuelle Merkmale, sprachliche Besonderheiten und deren Wirkung usw.

4 Soziale Organisation
4.1 Die digitale Welt

---

1 Wortschatz

Computersprache

1 Bringen Sie die Buchstaben der Wörter aus der Liste in die richtige Reihenfolge und setzen Sie die Wörter in die passenden Satzlücken ein.

a   Eine deutsche .... hat den Buchstaben Y in der unteren Reihe links.

b   Heutzutage haben viele Laptops kein CD–........................ mehr.

c   Man kann einen Drucker entweder .... oder über USB–........................ verbinden.

d   Die bekannteste .... heißt Google.

e   Wenn man ein Dokument später bearbeiten will, darf man nicht vergessen, es zu ....

f   Wenn man ein Dokument bearbeitet, kann man zum Beispiel neue Textabschnitte .... oder Sätze ...., wenn man sie nicht mehr haben will.

g   Wenn man in einem Dokument eine neue Zeile anfangen will, drückt man die ....-Taste.

SLNSAHUSC

OHDATRSL

GÜNFENIE

BENEAIG

UFREKWLA

HÖNECLS

PRENSIECH

SIMCUSAHHECN

UTRTSATA

2 Sehen Sie sich nun diese E-Mail an und beantworten Sie die Fragen.

AW: Anfrage

Hallo!

Ich schicke Ihnen wie gewünscht im Anhang den neuen Prospekt vom **Reisebüro Reiselust** in München: *Urlaubsabenteuer Südamerika*. Näheres dazu sowie andere tolle Urlaubsangebote finden Sie bei www.reiselust-muenchen.de/abenteuer. Falls Sie noch Fragen haben, stehe ich Ihnen gerne zur Verfügung.

MfG

Anke Ludewig

a   Welche Wörter sind in Kursivschrift?   ....

b   Welche Wörter sind unterstrichen?   ....

c   Welche Wörter sind fettgedruckt?   ....

d   Wie spricht man die Webadresse aus? Welche Zeichen braucht man?

    i   Strich   ☐   iii Schrägstrich ☐   v Minus ☐

    ii Bindestrich ☐   iv   Punkt   ☐

e   Woher wissen Sie, dass Anke etwas mitgeschickt hat?   ....

f   Wie heißt Ankes Schlussformel?   ....

3   Bei persönlichen E-Mails sowie in sozialen Medien sind Kürzel wie „MfG" oben sehr
    geläufig. In solchen Zusammenhängen kann man sie auch in der *IB*-Prüfung benutzen, aber
    man sollte sparsam damit umgehen. Manche lassen sich leicht erraten, andere vielleicht nicht.
    Wie gut kennen Sie sich damit aus? Was heißt …?

    a VLG   b vlt   c HDL   d mMn   e BD

    f GG   g GIDF

2 Textverständnis

Im Schülerbuch liegt der Schwerpunkt dieser Einheit bei sozialen Medien. Es
gibt im deutschsprachigen Raum Websites, die Jugendlichen, Lehrern und Eltern
Informationen und Ratschläge zu den Gefahren bei der Nutzung dieser Medien
anbieten. Der folgende Text stammt von einer solchen Website in Österreich.

Im Text fehlen die Überschriften zu den Tipps. Die müssen Sie im ersten Schritt der
Textverständnisübung einordnen.

Cybermobbing –
Was kann ich dagegen tun?

10 Tipps für Schüler/-innen: So wehrst du dich gegen Cybermobbing

1   .... Lass dich nicht von Selbstzweifeln beherrschen. Denn: Du
    bist okay, so wie du bist – an dir ist nichts falsch.

2   .... Die meisten Websites und Online-Anbieter
    geben dir die Möglichkeit, bestimmte Personen zu sperren.
    Nutze dieses Angebot, denn du musst dich nicht mit
    jemandem abgeben, der dich belästigt. Wenn du mit Anrufen
    oder SMS belästigt wirst, kannst du auch deine Handynummer
    ändern lassen.

3   .... Reagiere nicht auf Nachrichten, die dich
    belästigen oder ärgern. Denn genau das will der/die
    AbsenderIn. Wenn du zurückschreibst, wird das Mobbing
    wahrscheinlich nur noch schlimmer.

4   .... Lerne, wie du Kopien von unangenehmen
    Nachrichten, Bildern oder Online-Gesprächen machen
    kannst. Sie werden dir helfen, anderen zu zeigen, was
    passiert ist. Außerdem kann mit den Beweisen auch dein/e
    PeinigerIn gefunden werden.

5 .... Wenn du Probleme hast, dann sprich mit Erwachsenen, denen du vertraust. Kostenlose und anonyme Telefonhilfe erhältst du bei „Rat auf Draht" (147 ohne Vorwahl).

6 .... Nimm Belästigungen nicht einfach hin, sondern informiere umgehend die Betreiber der Website. Informationen, wie du in den verschiedenen sozialen Netzwerken Missbrauch melden kannst, findest du auf der Saferinternet.at-Website unter „Soziale Netzwerke". Vorfälle, die illegal sein könnten, solltest du den Behörden melden.

7 .... Wenn du mitbekommst, dass jemand anderes per Handy, Internet oder SMS belästigt wird, dann schau nicht weg, sondern hilf ihm/ihr und melde den Vorfall. Wenn der/die TäterIn merkt, dass das Opfer nicht alleine gelassen wird, hören die Beleidigungen oft schnell auf.

8 .... Sei vorsichtig, welche Angaben du im Internet machst. Deine persönlichen Daten (E-Mail-Adresse, Wohnadresse, Handynummer oder private Fotos) können auch von „Cyberbullys" gegen dich verwendet werden. Achte insbesondere darauf, deine Zugangsdaten geheim zu halten und ein sicheres Passwort zu verwenden.

9 .... Wenn du es nicht erlaubst, darf niemand Fotos von dir ins Internet stellen, die dich bloßstellen. Außerdem darf dich niemand vor anderen verspotten oder beleidigen. Wenn Cybermobbing besonders ernst ist, kann dies für den/die TäterIn rechtliche Konsequenzen haben.

10 .... Wichtig ist, dass du an dich selbst glaubst und dir nichts von anderen einreden lässt. Lass dich nicht fertigmachen und mach niemand anderen fertig!

Barbara Amann-Heckenberger/Babara Buchegger/Sonja Schwarz, www.saferinternet.at

1 Im Text fehlen die Überschriften zu den Tipps. Wählen Sie aus der folgenden Liste die Überschriften, die am besten passen, und schreiben Sie die Buchstaben in die Kästchen. Es gibt mehr Überschriften, als Sie brauchen.

1	H	**A** Sichere Beweise!	**K**	Sperre die, die dich belästigen!
2		**B** Vertraue dir!	**L**	Unterstütze Opfer!
3		**C** Bleib fern!	**M**	Ruf die Polizei an!
4		**D** Antworte nicht!	**N**	Melde Probleme!
5		**E** Lade keine Fotos hoch!		
6		**F** Kenne deine Rechte!		
7		**G** Rede darüber!		
8		**H** Bleib ruhig!		
9		**I** Schütze deine Privatsphäre!		
10		**J** Sprich mit dem/der TäterIn!		

2 Welche Wörter in der Liste rechts entsprechen am besten den Wörtern aus dem Text?

a   sperren (Tipp 2)   ☐

b   abgeben (Tipp 2)   ☐

c   umgehend (Tipp 6)   ☐

d   verwendet (Tipp 8)   ☐

e   rechtliche (Tipp 9)   ☐

i   benutzt   vi   verbieten

ii   gestohlen   vii   ernste

iii reden   viii gesetzliche

iv   beschäftigen   ix   sofort

v   blockieren   x   womöglich

---

3 Wortschatz

Wortbildung mit „Rat"

Der Text über Cybermobbing ist eine Art Ratgeber. Die Wörter in der Liste stammen alle vom Kernwort „Rat" ab. Setzen Sie sie passend in die folgenden Sätze ein.

1   Er stand an der Kreuzung und wusste nicht, in welche Richtung er jetzt gehen sollte. Er war vollkommen ....

2   Der .... hat gestern beschlossen, einen Marathonlauf durch die Stadt zu organisieren.

3   Bevor ich Geld in dieses Geschäft investiere, werde ich einen Termin mit einem .... machen.

4   Es ist immer ...., seine Passwörter regelmäßig zu ändern.

5   „Wer bin ich?" ist ein beliebtes .... unter Kindern.

6   Viele Eltern kaufen einen ...., damit sie Hilfe bei der Kleinkindererziehung zur Hand haben.

7   Er hat mir einen .... gegeben, wie ich meine Bewerbung effektiver machen kann.

8   Das historische .... ist wegen Renovierung geschlossen.

BERATER

RATESPIEL

RATGEBER

RATHAUS

RATLOS

RATSAM

RATSCHLAG

STADTRAT

Davon hat ein Wort eigentlich wenig mit der Bedeutung „Vorschlag, Empfehlung, Hinweis usw." zu tun. Welches?

---

4 Grammatik unter der Lupe

Rat geben

Wie im Schülerbuch in Einheit 4.1 in „Grammatik unter der Lupe" erklärt, kann man Ratschläge geben, indem man *sollen* oder (um es dringender zumachen) *müssen* verwendet.

1   Schreiben Sie den Text „Cybermobbing – Was kann ich dagegen tun?" um, indem Sie die Imperativsätze durch *sollen* oder *müssen* ersetzen. Achten Sie dabei auch darauf, dass die Verneinungsform von *müssen* je nach Bedeutung entweder *nicht müssen* oder *nicht dürfen* lautet

(s. Schülerbuch).

2 Bilden Sie Fragen mit *sollen* oder *müssen*.

a Fernsehen / ausschalten / Essen

Muss / Soll ich das Fernsehen beim
Essen ausschalten?

b Karte / bar / bezahlen?

....

....

c Foto / von der Party / hochladen?

....

....

d ihn anrufen / seinen Anruf / warten?

....

....

e Hausaufgaben / bevor Kino / gehen?

....

....

f früh / Bett / weil / Prüfung / morgen?

....

....

3 Wenn man einen Ratschlag etwas vorsichtiger oder höflicher formulieren will, kann man ihn indirekt ausdrücken. Zum Beispiel:

***An deiner Stelle würde ich** Peters Bruder nicht zur Party einladen.*

Wenn ich du wäre, würde ich das nicht kaufen.

Geben Sie passende vorsichtige Ratschläge als Antworten auf die Fragen in Übung 2.

a *An deiner Stelle würde ich wenigstens die Lautstärke stummschalten.* ....

b ....

c ....

d ....

e ....

f ....

5 Weiterdenken

Die Welt digital erleben – Fluch oder Segen?

Die Entwicklung von Computern und digitalen Medien hat zweifellos zahlreiche Vorteile gebracht, aber viele Leute haben auch erhebliche Bedenken.

1 Sie lesen nun einige Veränderungen, die durch die digitale Revolution der letzten Jahre entstanden sind. Ordnen Sie den Aussagen a–j über Veränderungen die passenden Konsequenzen i–x zu. Bilden Sie Satzpaare. Ist ....

a Viele Arbeitsabläufe sind jetzt automatisiert.

b Man hat hunderte von Freunden in einer virtuellen Online-Welt.

c Der Computer macht das Einkaufen einfacher.

d Ohne Internet kann man sein Leben heutzutage kaum organisieren.

e Man kann alles schneller per E-Mail erledigen.

f Mit dem Handy ist man immer erreichbar.

g Es gibt immer mehr Möglichkeiten, ohne Bargeld zu bezahlen.

h Online-Spiele entwickeln sich zu einer Sportart.

i Man findet durch soziale Medien schnell Gleichgesinnte.

j Man kann seine Fotos sofort mit Freunden teilen.

i Man kann nie richtig abschalten.

ii Fotos können zu anderen Zwecken entwendet werden.

iii Man läuft nicht Gefahr, sein Bargeld zu verlieren.

iv Der Mensch muss weniger langweilige oder lästige Arbeiten machen.

v Es fehlt vielen Jugendlichen an sportlicher Bewegung.

vi Man kennt die Leute nicht richtig, mit denen man befreundet ist.

vii Man hört oft nur einseitige Meinungen von Leuten, die die eigene Meinung teilen.

viii Man findet online alles, was man haben will.

ix Die Kunst des Briefschreibens geht verloren.

x Viele Behördengänge sind heute nur noch online möglich.

2 Hier sind weitere Argumente gegen die Digitalisierung des Lebens. Füllen Sie die Satzlücken mit einem Wort aus der Liste.

a Eine ungesunde .... vor dem Computer kann auch zu Rückenschmerzen führen.

b Viele Bereiche des Lebens haben sich längst online ...., sodass man kaum mehr persönlich mit Menschen reden muss.

c Gewalttätige Videospiele können .... Probleme verursachen.

d Der Computer nimmt den Menschen viele .... ab.

e Es besteht die Gefahr, dass man .... nach dem Internet wird.

f Mit elektronischen .... steigt das Betrugsrisiko.

g .... ist ein großes Problem bei sozialen Medien, da man kein Außenseiter sein will.

h Wenn man internetabhängig wird, vernachlässigt man oft die regelmäßige .... und Körperpflege.

i Die .... wird verlernt, wenn man alles nur mit dem Computer schreibt.

j Es gibt viel im Internet, was einfach falsch ist, aber viele Leute akzeptieren ...., was sie dort lesen.

ENTSCHEIDUNGEN
ERNÄHRUNG
GRUPPENZWANG
HANDSCHRIFT
PSYCHISCHE
SITZHALTUNG
SÜCHTIG
UNKRITISCH
VERLAGERT
ZAHLUNGSMITTELN

3 Was meinen Sie zu den Argumenten oben? Können Sie die geäußerte Kritik kontern? Können Sie sich noch mehr Argumente für oder gegen eine zunehmend digitale Welt überlegen? Schreiben Sie Ihre eigene Liste.

4 Die Argumente in den obigen Übungen (und Ihre eigenen Argumente) lassen sich in verschiedene Aspekte unterteilen, zum Beispiel:

Gesundheit / Alltag / Arbeitswelt / soziale Beziehungen / Freizeit / andere

Notieren Sie, unter welchen Aspekt die Argumente jeweils gehören.

Wie bei jeder schriftlichen Übung ist es wichtig, vorher Zeit in die Planung zu investieren und Ihre Ideen vorher zu organisieren. Sonst verlieren Sie bei der Bewertung Punkte, wenn Ihre Arbeit nicht logisch aufgebaut und kohärent ist. Planen Sie jetzt eine kritische Auseinandersetzung mit dem Thema „Die Welt digital erleben – Fluch oder Segen?"

6 Schriftliche Übungen

Denken Sie daran, die Checklisten aus Kapitel 6 des Schülerbuchs zu konsultieren.

1 Schreiben Sie jetzt die kritische Auseinandersetzung, die Sie geplant haben. Benutzen Sie dafür eine passende Textsorte, zum Beispiel einen Artikel in der Schülerzeitung, einen Zeitschriftenartikel, einen Leserbrief, einen Blogeintrag oder auch einen Aufsatz.

2 Ein(e) Freund(in) von Ihnen hat jemanden über eine Dating-App kennengelernt und wird sich in ein paar Tagen mit ihm/ihr zum ersten Mal treffen. Schreiben Sie ihm/ihr eine E-Mail mit praktischen Ratschlägen und Tipps.

3 Sie haben sich entschieden, eine Woche lang eine digitale Entziehungskur zu machen. Schreiben Sie zwei Blog-Einträge – den ersten kurz bevor Sie beginnen, den zweiten kurz nachher. Begründen Sie Ihre Entscheidung, erklären Sie, was Sie sich davon erhoffen, und berichten Sie danach, inwiefern Sie Ihre Ziele erreicht haben.

4 Sie sind gerade bei einem Austauschprogramm im Ausland und Ihre Freunde dort haben Fotos von Ihnen als Baby und als Kleinkind im Internet entdeckt, die Ihre Eltern hochgeladen haben. Sie finden das sehr peinlich und schreiben deswegen sofort eine E-Mail an Ihre Mutter, um Ihre Gefühle auszudrücken und um sie zu bitten, das nicht wieder zu machen.

4.2 Jugend heute – und die Menschen um sie herum

---

1 Grammatik unter der Lupe

Adjektive

Hier finden Sie einen Ausschnitt aus einem Blog, in dem eine Schülerin beschreibt, was ihr im Leben wichtig ist. Vervollständigen Sie die Adjektive mit den richtigen Endungen.

Was ist wichtig im Leben?

Oder: Was braucht man eigentlich zu einem gut............. Leben?

Ich habe sehr lange nach einer intelligent............. Antwort auf diese schwierig
.... Frage gesucht. Dabei habe ich festgestellt, dass eigentlich gar nicht
wirklich viel............. materiell............. Dinge nötig sind, um die wahr.............
Erfüllung im Leben zu finden. Der echt............. Kern des Ganzen ist nämlich
eigentlich total einfach: Finde für Dich heraus, was Deine Vorstellung von einem
sinnvoll............. Leben ist und lebe dann danach. Leider klingt das erstmal
einfacher, als es ist.

Auf jeden Fall ist klar, was nicht wichtig ist: Ein schick............. Auto, viel Geld
auf dem Konto und teuer............. Urlaube in exotisch............. Ländern oder
besonders schön............. Schmuck und wertvoll............. Uhren gehören nicht
dazu. Sind die reich............. Menschen auf dieser Welt wirklich glücklich und
haben ein erfüllt............. Leben?

Hier folgt, was ich für wichtig halte. Lebe bewusst, und lerne das
kostbar............. Leben achtsamer wahrzunehmen. Lerne groß.............
Gelassenheit, um stürmisch............. Zeiten sicher zu meistern und das Leben
entspannt genießen zu können. Erlerne auch die Fähigkeit, klein............. Ängste
und Sorgen zu überwinden.

…

Morgen folgt der zweite Teil! Erstmal gut............. Nacht – Eure Katja.

4

---

2 Schriftliche Übung

Zu diesem Thema finden Sie hier sehr unterschiedliche Positionen mit einigen Stichpunkten. Formulieren Sie aus diesen Notizen kleine Texte in vollständigen Sätzen, die eine Person mit diesem Standpunkt beschreiben könnten. Schreiben Sie in einem sachlichen und neutralen Stil.

1   Am wichtigsten ist viel Geld:

   • Geld gibt Freiheit.

   • Alles ist für Geld zu haben.

   • Geld kann auch anderen helfen.

   • Geld macht das Leben schön.

2   Am wichtigsten ist Gesundheit:

   • Nur mit guter Gesundheit kann man das Leben genießen.

   • Mit Geld kann man keine Gesundheit kaufen.

   • Luxus alleine macht nicht glücklich.

3   Bildung ist das Wichtigste:

   • Nur eine gute Bildung ermöglicht ein Studium und einen sinnvollen Beruf.

   • Bildung öffnet Türen.

   • Die Welt ist unglaublich komplex und voller Chancen.

4   Am wichtigsten sind Toleranz und Ausgeglichenheit:

   • Das Leben ist anstrengend und kann nur mit Ruhe gemeistert werden.

   • Es gibt so viele unterschiedliche Kulturen und Menschen, mit denen man auskommen muss.

5   Kommunikationstalent ist das Wichtigste im Leben:

   • Wer sich nicht mit anderen Menschen austauschen kann, führt kein sinnvolles Leben.

   • Fremdsprachen sind wichtig; alles dreht sich um das Miteinander und um Beziehungen.

---

3 Schriftliche Übungen

1   Schreiben Sie einen Blog, in dem Sie darüber berichten, was für Sie persönlich wichtig ist. Der Blog oben kann als Beispiel dienen, aber das können natürlich für Sie ganz andere Dinge sein, als die, die Katja beschreibt. Benutzen Sie dazu die Checkliste für einen Blog aus Kapitel 6 des Schülerbuchs.

2   Schreiben Sie den Text zu einer Rede vor der Schulversammlung, in der Sie darüber sprechen, was für Sie am wichtigsten im Leben ist. Benutzen Sie die Checkliste für einen Vortrag aus Kapitel 6 des Schülerbuchs.

4 Textverständnis

Soziale Milieus der Jugendlichen

Beantworten Sie die folgenden Fragen mit Informationen aus dem Text „Soziale Milieus der Jugendlichen" in Einheit 4.2 des Schülerbuchs.

1   Warum geht Jasmin nicht aufs Gymnasium?

   ....

2   Warum haben Jasmin und ihre Eltern einen Konflikt?

   ....

3   Was möchte Jenny mit ihrer Kleidung signalisieren?

   ....

4   Was ist Jennys Zukunftstraum?

   ....

5   Was macht Marco gern in seiner Freizeit?

   ....

6   Warum nimmt Philipp die Schule sehr ernst?

   ....

7   Was hat Philipp mit seinem Vater und Großvater gemeinsam?

   ....

8   Was haben Julias Pläne für Schule und Studium gemeinsam?

   ....

9   Warum liest Julia Lifestyle-Magazine?

   ....

10 Was hat Nadine für einen Konflikt mit ihren Eltern?

   ....

11 Warum fliegt Nadine öfter nach London? (Nennen Sie beide Gründe.)

   ....

12 Warum isst Jonas kein Fleisch?

   ....

13 Was macht Jonas in seiner Freizeit?

   ....

5 Grammatik unter der Lupe

Präpositionen

Lesen Sie den folgenden Text zum Thema Jugendsprache. Unten finden Sie die Präpositionen, die Sie brauchen, um die Lücken zu füllen.

Jugendsprache ist immer ein beliebtes Thema, (1) .... dem sich Eltern und Lehrer besonders gern beschäftigen; junge Leute hingegen benutzen diese Ausdrücke, (2) .... groß (3) .... ihren Ursprung nachzudenken. Diese Sprache wird (4) .... vielen Artikeln „Kanakisch" genannt. Das Wort „Kanake" bedeutet (5) .... Polynesisch einfach „Mensch". Mit der Zeit ist daraus allerdings ein Schimpfwort geworden, (6) .... dem (7) .... allem Ausländer bezeichnet werden. Heute nennen sich die Deutschtürken oft selbst so, manchmal sogar (8) .... einem gewissen Stolz.

Ob (9) .... Schulhöfen, im Fernsehen, (10) .... Theater, (11) .... Kino oder (12) .... der Literatur. Die deutsch-türkischen Ausdrücke hört man überall, (13) .... jeder Ecke. „Was guckst – Bin isch Kino, oder was?!" bekommen überraschte Eltern plötzlich (14) .... ihren Kindern zu hören.

Mittlerweile wird kanakisch nicht nur (15) .... türkischen, sondern auch (16) .... deutschen und russischen Jugendlichen gesprochen. Sie probieren so, sich sprachlich (17) .... ihren Eltern zu unterscheiden, also (18) .... eine Form verbaler Rebellion. Das Phänomen selbst ist somit also alt: Jede Generation (19) .... Jugendlichen hatte in der Vergangenheit ihre eigene Sprache, und immer haben die Eltern (20) .... einer gewissen Verständnislosigkeit und sehr kritisch reagiert.

Die folgenden Präpositionen brauchen Sie:

vor	mit (4 ×)	durch	im / in dem (2 ×)
von (5 ×)	ohne	in (2 ×)	
an	über	auf (2 ×)	

6 Textverständnis

Der folgende Text ist ein Gedicht zum Thema Generationenkonflikt. Das Gedicht regt zum Nachdenken darüber an, wie Vorurteile, die Jugendliche und Erwachsene übereinander haben, das Zusammenleben belasten.

Jugend

Er trägt ein Shirt auf dem steht:

Ihr werdet es nie vermuten

wir gehören zu den GUTEN!

Auf seinem Rucksack steht

Kotzbrocken   5

Lässig an die Ampel gelehnt steht er rauchend vor
mir, vielleicht 16 Jahre alt. Er dreht sich um, schaut
mich an. Wut in seinen Augen. Ich muss lächeln,
er dreht sich schnell wieder nach Vorn[1], sein Blick
verwirrt.   10

Ich mag die Wut der Jugend gegen die Welt, zur
Schau getragen in zerrissenen Klamotten und bunten
Haaren.

Lisa Südecum, jetzt.de, Süddeutsche Zeitung

[1] Beachten Sie, dass „vorn" normalerweise kleingeschrieben wird, die Autorin des Gedichtes es allerdings großschreibt.

1 Beantworten Sie die folgenden Fragen zum Text.

    a   Sammeln Sie Informationen über den Jugendlichen, der beschrieben wird.

      ....

      ....

    b   Was sagen sein Verhalten und der Spruch auf dem T-Shirt darüber aus, welche Haltung der Jugendliche von Erwachsenen erwartet?

      ....

      ....

    c   Wer spricht?

      ....

    d   Wie verhält sich der Sprecher im Gedicht?

      ....

    e   Warum ist der Jugendliche am Ende verwirrt?

      ....

      ....

2 Füllen Sie die Tabelle aus.

Im Text …	bezieht sich das Pronomen …	auf …
auf <u>dem</u> steht (Z. 1)	„dem"	das T-Shirt
<u>Ihr</u> werdet es nie (Z. 2)	„Ihr"	
<u>wir</u> gehören (Z. 3)	„wir"	
Auf <u>seinem</u> Rucksack (Z. 4)	„seinem"	

7 Weiterdenken

1 Die folgenden Fragen und Arbeitsaufträge erlauben Ihnen, auf die Ideen im Gedicht zu reagieren. Artikulieren Sie Ihre eigene Meinung zu dem Thema Generationenkonflikt und schildern Sie Erfahrungen:

a Worauf könnte der Jugendliche wütend sein? Was gefällt ihm vielleicht nicht an der Welt, die die Erwachsenen bestimmen? Sammeln Sie in Gruppen alle Bereiche der Lebenswelt von Jugendlichen, die Konflikte mit Erwachsenen bergen.

b „Kotzbrocken" steht auf dem T-Shirt des Jugendlichen. Warum könnten Erwachsene Jugendliche so negativ beschreiben? Warum könnten Erwachsene auf die Jugend wütend sein?

c In beiden Fällen, wenn Jugendliche oder Erwachsene das Verhalten des anderen nicht akzeptieren, kommt es zu Konflikten. Was tun Jugendliche, wenn sie Schwierigkeiten haben? Diskutieren Sie, wie Sie sich in Konfliktsituationen verhalten.

2 Fassen Sie Ihre Ideen in der folgenden Tabelle zusammen.

Konfliktsituation	Lösungsstrategie
Das Taschengeld reicht nicht.	1 Diskussion mit den Eltern, um mehr Taschengeld zu bekommen 2 einen Nebenjob finden, um Geld zu verdienen 3 sparsamer sein
schlechte Noten in der Schule	1 … 2 …

8 Schriftliche Übung

Sie haben im Schülerbuch gelesen wie Anna nach den vielen Problemen mit ihrer Familie einen sogenannten „Burnout" hat und eine Therapie macht. Schreiben Sie einen fiktiven Brief von Anna an eine Freundin, in dem sie beschreibt, wie sie durch die Therapie sich selbst und ihre Familie jetzt besser versteht. Sie sollten die Beispiele aus dem Text noch etwas genauer ausführen und sich überlegen, was wohl noch alles hätte passiert sein können. Benutzen Sie die Notizen, die Sie sich bei der Arbeit mit dem Text im Schülerbuch gemacht haben.

9 Grammatik unter der Lupe

Adjektive

Diese begeisterte Filmrezension enthält viele farbige Adjektive. Wählen Sie aus der Tabelle unten das korrekte Adjektiv für die jeweilige Lücke aus. Entscheiden Sie sich für die jeweils korrekte Endung.

„Die Vermessung der Welt" – eine Filmrezension

Der Roman „Die Vermessung der Welt" ist im Jahr 2012 von Detlev Buck verfilmt worden. Der Roman ist eine (1) .... Biografie der beiden (2) .... Wissenschaftler Alexander von Humboldt und Friedrich Gauß, die das (3) .... Leben der beiden darstellt, und auf mehreren Kontinenten spielt. So unternimmt Humboldt eine (4) .... Expedition nach Südamerika und nach Russland, während Gauß von Zeit zu Zeit durch Deutschland reist. Eine (5) .... Herausforderung an einen Filmemacher! Und das alles in nur 31 Drehtagen. Herausgekommen ist dabei ein (6) .... Abenteuerfilm, in dem es aber auch um Natur, Liebe, Wissenschaft und (7) .... Geschichte geht. Vor allem aus der Sicht der (8) .... Kolonialpolitik zeigen sich hier ganz (9) .... Blickwinkel auf das 18. Jahrhundert.

Zu den beiden Hauptfiguren: Gauß, gespielt von Florian David Fitz,
wächst in relativ (10) .... Verhältnissen
auf, ist aber ein (11) .... Mathematiker, der
zunächst von allen immer nur missverstanden wird. Humboldt, mit dem
(12) .... Albrecht Abraham Schuch super besetzt,
hingegen ist Mitglied des (13) .... Adels, dem es an
nichts fehlt. Geld ist genug da, wenn ihm vielleicht auch die Liebe seiner Eltern
fehlt; der Vater ist früh gestorben. Sein Bruder Wilhelm scheint ihn nicht sehr zu
mögen, denn er benutzt ihn für eine Reihe (14) ....
wissenschaftlicher Experimente – später im Leben scheinen die beiden allerdings ein
(15) .... Verhältnis zu haben. Alexander studiert dann
Naturwissenschaften und macht (16) .... Entdeckungen
auf seinen großen Forschungsreisen.

Technisch ist dieser Film wahnsinnig beeindruckend: Kameramann Slawomir Idziak
arbeitet kreativ mit Vorder- und Hintergründen und macht den Film plastisch und
lebendig. Der Kinobesuch wird zum Abenteuer – das Eintrittsgeld lohnt sich hier auf
jeden Fall!

GENIAL	HOCHBEGABT	WISSENSCHAFTLICH	GUT
FANTASTISCH	PREUSSISCH	EINFACH	GANZ
RIESIGE	DEUTSCH	LEBENSGEFÄHRLICH	NEU
WELTBERÜHMT	BAHNBRECHEND	EUROPÄISCH	FIKTIONAL

Hinweis: Wenn durchgängig Großbuchstaben verwendet werden, wurde das ß früher immer durch ss ersetzt. Seit Kurzem existiert ß auch als Großbuchstabe: ẞ. Dieser setzt sich allerdings erst langsam durch. In der Schweiz wird der Buchstabe ß gar nicht verwendet, sondern immer durch ss ersetzt.

10 Schriftliche Übung

Wählen Sie einen deutschen Spielfilm, den Sie besonders gut finden. Das kann ein Film sein, den Sie schon kennen, aber er muss einen deutschen Regisseur und Schauspieler haben. Schreiben Sie eine Rezension, in die Sie so viele farbige Adjektive wie möglich einbauen. Ihre Rezension soll in der Schülerzeitung abgedruckt werden, benutzen Sie daher die Checklisten für einen Zeitungsartikel und für eine Rezension aus Kapitel 6 des Schülerbuchs.

Hier finden Sie einige Ideen für Adjektive, die zum Thema passen könnten. Ergänzen Sie die Liste!

Positiv: fantastisch, umwerfend, bahnbrechend, beeindruckend, riesig, prima, prachtvoll, herrlich (usw.)

Negativ: langweilig, monoton, reizlos, öde, langatmig, farblos, trocken (usw.)

Benutzen Sie ein Wörterbuch für Synonyme!

1 Wortschatz

Das Schulsystem

1 Suchen Sie hier nach zwölf Substantiven, die aus dem Wortfeld „deutsches Schulsystem" stammen.

G	B	A	T	H	S	R	T	T	A	B	I	T	U	R	E	G
E	E	F	R	G	S	E	D	E	F	B	C	X	N	M	L	I
S	R	X	L	C	U	O	K	A	A	X	G	U	Z	O	U	H
A	U	Y	U	P	L	W	I	T	C	R	D	C	N	S	H	K
M	F	J	L	Y	H	U	E	I	H	G	Q	P	J	H	C	Y
T	S	Z	M	C	C	E	L	S	H	R	A	I	J	R	S	C
S	S	U	Z	D	S	D	R	R	O	U	N	B	Y	X	H	K
C	C	B	H	E	B	R	Z	E	C	N	Y	C	M	W	C	O
H	H	P	A	E	A	O	H	V	H	D	E	K	G	J	O	P
U	U	E	U	X	L	U	O	I	S	S	W	N	G	N	H	F
L	L	V	P	K	U	C	W	N	C	C	J	I	X	T	A	
E	E	Q	T	N	H	T	K	U	H	H	W	C	L	J	S	H
X	T	L	S	H	C	P	C	N	U	U	Y	H	H	F	N	F
R	T	K	C	F	S	B	T	E	L	L	Q	W	I	T	U	O
L	U	X	H	M	L	V	I	M	E	E	O	D	X	J	K	E
X	I	J	U	O	A	R	E	A	L	S	C	H	U	L	E	T
X	R	A	L	M	E	G	Y	M	N	A	S	I	U	M	O	J
B	E	K	E	J	R	E	F	U	T	S	R	E	B	O	X	Q

ABITUR	GRUNDSCHULE	OBERSTUFE
BERUFSSCHULE	GYMNASIUM	REALSCHULABSCHLUSS
FACHHOCHSCHULE	HAUPTSCHULE	REALSCHULE
GESAMTSCHULE	KUNSTHOCHSCHULE	UNIVERSITAET

4

2   Sortieren Sie diese Substantive in die folgende Tabelle ein:

Maskulinum	Femininum	Neutrum

2 Grammatik unter der Lupe

Wortstellung

Ein Satz besteht in der Regel mindestens aus einem **Subjekt** und einem **Verb**. Welches Satzelement hinter einem Verb steht, hängt vom Verb ab.

Bestimmte Verben erfordern ein **Akkusativobjekt**, andere Verben ein **Dativobjekt** oder **Präpositionalobjekt**.

Verben mit einem **Genitivobjekt** sind selten.

Hier finden Sie einige Sätze, deren Wörter in die richtige Reihenfolge gebracht werden müssen. Bestimmen Sie als Erstes das Subjekt und das Verb – wenn Sie die Bedeutung nicht kennen, müssen Sie diese nachschlagen. Danach können Sie versuchen, die Objekte in die richtige Reihenfolge zu bringen.

Der Schulweg: eine kleine Liebesgeschichte

1   Mussten der es aber an Tag regnete und pünktlich Schule stark Sabine in diesem Peter sein

....

....

2   Straße der gezwungen, weiten machen zu Umweg Wegen Überflutung war Busfahrer der einen

....

....

3   Bus lange Freunde dem Frühstück zu warten viel auf beiden Die mussten nach den

....

....

4   hoffnungslos Seit Sommer Peter letzten seine in verliebt Mitschülerin war dem allerdings

....

....

5   Nähe Auf Chance sah seine er greifbare rücken einmal in

....

....

6   Regenschirm sehr unter sie Glücklicherweise er den beide hatte einen großen passten

....

....

7 Peter Worte hatte Nachdem Sabine nicht gar mehr den nötig Arm in genommen waren

....

....

8 Monaten mehreren Geste seit hatte gestand Sabine ihm schon dass gewartet eine so sie auf

....

....

3 Textverständnis

Was lange einfach als Erziehungsproblem galt, ist heute als Krankheit anerkannt: Etwa 5 % aller Kinder und Jugendlichen im Schulalter leiden an der Aufmerksamkeitsstörung ADHS – dreimal so viele Jungen wie Mädchen.

Hier folgen drei Fallstudien, in denen die für ADHS typischen Symptome beschrieben werden.

ADHS – Wenn der Alltag zum Problem wird

Timo, 5 Jahre

Kaum ist Timo morgens aufgewacht, fallen ihm schon tausend Dinge ein, die er heute tun könnte. Sofort springt er auf und rast durch die Wohnung. Er hat am Vortag einen Piratenfilm gesehen und will sich ein Schiff bauen. Als er auf das Regal klettert, um sich ein Betttuch für das Segel zu holen, fällt das Regal mit Getöse um und weckt die anderen Familienmitglieder. Sofort geht der übliche Streit los. Jetzt ist nicht Schiffe bauen angesagt, sondern Anziehen, Frühstücken und Kindergarten. Das Anziehen dauert ewig, weil ihm alle paar Sekunden etwas anderes einfällt. Beim Frühstück geht ein Glas zu Bruch, als Timo aufspringt, um Sarah, die heute Geburtstag hat, noch schnell ein Geschenk zu basteln. Der Weg zum Kindergarten ist eine Tortur: Timo ist schon oft, trotz strengster Ermahnungen, ohne links oder rechts zu schauen auf die Straße gerannt, weil er auf der anderen Straßenseite etwas wahnsinnig Spannendes entdeckt hat.

Als Timos Mutter die Tür des Kindergartens hinter sich schließen will, ist sie eigentlich für den Rest des Tages schon völlig erledigt. Die Erzieherin will aber noch mit ihr reden: Timo sei für die Gruppe eine große Belastung. Er könne keine fünf Minuten still sitzen und sich auf kein Spiel konzentrieren. Er rase ständig herum und störe die anderen Kinder. Timos Mutter ist verzweifelt: Es ist nicht das erste Mal, dass ihr dies gesagt wird, und langsam weiß sie wirklich nicht mehr weiter.

Sarah, 5 Jahre

Sarah wird im Kindergarten nur Traumsuse genannt. Wenn die anderen Kinder ein Bild malen, sitzt sie gedankenverloren vor ihrem leeren Blatt, und schaut aus dem Fenster, wenn die anderen Kinder ihre Bilder schon stolz den ErzieherInnen zeigen. Bei Gruppenspielen weiß Sarah nie, wann sie dran ist. Sie hat nicht aufgepasst und ist schon wieder mit etwas anderem beschäftigt. Wenn ihr Vater sie nachmittags vom Kindergarten abholt, dauert der Heimweg ewig. Sarah bleibt alle paar Minuten stehen, um etwas anzusehen. Sie hat vergessen, was sie am nächsten Tag für den Ausflug mitbringen soll. Der Zettel vom Kindergarten ist unauffindbar.

Dauernd bekommt Sarah zu hören, sie solle doch besser aufpassen und sich besser konzentrieren. Aber so sehr Sarah sich auch bemüht, irgendwie gelingt es ihr nicht.

Ralf, 13 Jahre

Ralf hat echt keinen Bock mehr auf Schule. Dort meckern sie sowieso nur an ihm herum, genauso wie zu Hause. Seit Ralf denken kann, sind alle anscheinend sauer auf ihn. Immer scheint alles, was er tut, nicht richtig zu sein. Er merkt es ja selbst: Egal wie sehr er sich auch bemüht, er kann sich einfach nicht konzentrieren und verliert schnell die Lust. Da dauern die Hausaufgaben natürlich ewig.

Was kann er dafür, dass er Mathe einfach nicht kapiert. Er hat noch nie verstanden, wie alle anderen die Aufgaben lösen, während er sich quält und das Ergebnis dann doch falsch ist. Die ständigen Auseinandersetzungen mit seinen Eltern hat er auch satt.

Vor einiger Zeit hat er ein paar Jungs aus der Nachbarschaft kennengelernt, die auch keine Lust auf Schule haben. Mit denen hängt er jetzt jeden Nachmittag rum und seit Neuestem manchmal auch schon vormittags. Schule bringt's eben nicht.

Bundeszentrale für gesundheitliche Aufklärung

1 Auf welches der Kinder trifft die jeweilige Aussage zu? Es können mehrere Kinder das gleiche Symptom zeigen, also können pro Aussage maximal drei Kreuze gemacht werden.

Welches der Kinder ...	Timo	Sarah	Ralf
... macht zu Hause viel Krach?			
... streitet sich viel?			
... macht Sachen kaputt?			
... kann sich nicht konzentrieren?			
... träumt viel?			
... ist vergesslich?			
... macht den Eltern das Leben schwer?			
... wird viel ermahnt?			
... hat keinen Bock auf Schule?			
... kapiert manchmal einfach nichts?			

2 Hier folgt eine Zusammenfassung der Fallstudien. Sie enthält einige Lücken. Füllen Sie diese mit Wörtern aus dem Text:

Timo hat immer (a) .... Ideen, wie er den Tag verbringen kann. Er rennt gleich frühmorgens durch die Zimmer und macht dabei so viel (b) ...., dass keiner mehr schlafen kann. Das gibt natürlich Streit, aber Timo ist schon wieder etwas anderes eingefallen. Auf dem Weg zum Kindergarten rast er oft, (c) .... der Warnungen seiner Mutter, ohne nach links und rechts zu sehen auf die Straße. Im Kindergarten hört Timos Mutter, dass Timo sich überhaupt nicht (d) .... kann, und ist ganz (e) .... – sie weiß nicht mehr, was sie noch tun soll.

Sarah träumt im Kindergarten meist vor sich hin. Beim Malen ist sie oft (f) ...., anstatt sich zu konzentrieren. Wenn sie in der Gruppe mit den anderen Kindern spielen soll, (g) .... sie sich mit anderen Dingen. Zu Hause hat sie dann das Informationsblatt für den (h) .... verloren. Sarah bemüht sich sehr, aber sie kann einfach nicht besser aufpassen.

Ralf findet Schule superdoof. Immer (i) .... alle nur an ihm herum – egal was er auch versucht, nichts klappt. Hausaufgaben dauern endlos, ihm fehlt es an Konzentration genauso wie an der (j) .... auf Schule. Mit Mathe (k) .... er sich nur herum, und auch zu Hause gibt es nur (l) .... Inzwischen hat er ein paar andere Typen kennengelernt, die die (m) .... genauso unsinnig finden und mit denen schwänzt er jetzt auch schon mal den Unterricht.

4 Schriftliche Übung

Schreiben Sie eine E-Mail oder einen Brief an einen Freund oder eine Freundin. Berichten Sie darin von einem Mitschüler oder einer Mitschülerin, der oder die an ADHS leidet. Was gibt es im Alltag für Probleme? Was kann man tun? Wie gehen Sie und die Lehrer damit um?

5 Textverständnis

Statistisch gesehen gibt es in jeder deutschen Schulklasse mindestens ein Kind mit ADHS. Aber das Krankheitsbild ist nicht neu. Schon Mitte des 19. Jahrhunderts wurde im Kinderbuch „Der Struwwelpeter" von Dr. H. Hoffmann die Geschichte eines Jungen beschrieben, dessen Verhalten an ADHS erinnert.

Die Geschichte vom Zappel-Philipp

„Ob der Philipp heute still
Wohl bei Tische sitzen will?"
Also sprach in ernstem Ton
Der Papa zu seinem Sohn,
Und die Mutter blickte stumm
Auf dem ganzen Tisch herum.
Doch der Philipp hörte nicht,
Was zu ihm der Vater spricht.
Er gaukelt
Und schaukelt,
Er trappelt
Und zappelt
Auf dem Stuhle hin und her.
„Philipp, das mißfällt mir sehr!"

Seht, ihr lieben Kinder, seht,
Wie's dem Philipp weiter geht!
Oben steht es auf dem Bild.
Seht! Er schaukelt gar zu wild,
Bis der Stuhl nach hinten fällt;
Da ist nichts mehr, was ihn hält;

Nach dem Tischtuch greift er, schreit.
Doch was hilft's? Zu gleicher Zeit
Fallen Teller, Flasch' und Brot,
Vater ist in großer Not,

Und die Mutter blicket stumm
Auf dem ganzen Tisch herum.

Nun ist Philipp ganz versteckt,
Und der Tisch ist abgedeckt.
Was der Vater essen wollt',
Unten auf der Erde rollt;
Suppe, Brot und alle Bissen,
Alles ist herabgerissen;
Suppenschüssel ist entzwei,
Und die Eltern stehn dabei.
Beide sind gar zornig sehr,
Haben nichts zu essen mehr.

Heinrich Hoffmann

4

Beantworten Sie die folgenden Fragen zum Text.

1   Wie ist der Vater von Philipp?

    A   ängstlich

    B   streng

    C   ungeduldig

    D   traurig

2   Wie ist die Mutter von Philipp?

    A   schweigsam

    B   besorgt

    C   hysterisch

    D   glücklich

3   Wie kann man die Stimmung beim Essen beschreiben?

    A   entspannt

    B   chaotisch

    C   heiter

    D   konzentriert

4   Warum fallen Flaschen und Brot vom Tisch?

5   Alles, was es zu essen geben sollte, liegt jetzt auf dem Boden. Was ist noch passiert?

---

6 Wortschatz

Was reimt sich?

In diesem Gedicht gibt es einen Paarreim: Das letzte Wort in jeweils zwei Zeilen reimt sich. Versuchen Sie, noch mehr Worte zu finden, die sich reimen! Setzen Sie die Listen unten fort.

1   **still – will:** schrill, Grill, ...

2   **Ton – Sohn:** Mohn, ...

3   **stumm – herum:** dumm, ...

4   ....

5   ....

---

7 Schriftliche Übung

Nachdem Sie die Liste oben vervollständigt haben, sollten Sie versuchen, ein eigenes kleines Gedicht über ein Kind zu schreiben, das sich nicht gut benimmt. Paarreime sind am einfachsten, aber manchmal muss man ein bisschen schummeln – nicht jede Zeile braucht einen Reim zu haben!

4.4 Die geregelte Welt

1 Wortschatz

Was passiert einem Verbrecher?

Waagerecht

5 Er wurde für … befunden.

8 Die Polizei hat sie am Flughafen … .

9 Die Polizei hat sie stundenlang … .

10 Andreas und Karl haben ein Postamt … .

11 Andreas dagegen wurde …, weil er keine Waffe hatte.

12 Sie haben dabei einen Mann … .

Senkrecht

1 … haben gegen sie ausgesagt.

2 Er wurde vom … zu 20 Jahren Gefängnis verurteilt.

3 Karl hatte einen … an der Waffe hinterlassen.

4 Sie mussten einen Monat später vor … .

6 Der … hat Beweismaterial vorgelegt.

7 Sie wurden am nächsten Tag des Mordes … .

Nachdem Sie das Kreuzworträtsel gelöst haben, bringen Sie die Sätze in die richtige Reihenfolge, um damit die Geschichte von Andreas und Karl zu erzählen.

2 Textverständnis

Verbrechen lohnt sich nicht – Planung und Vorbereitung aber doch!

i   Ein paar Tage nach einem Banküberfall ging der Bankräuber in dieselbe Bankfiliale zurück, um die Beute auf sein eigenes Konto einzuzahlen. Dabei wurde der große Umschlag wiedererkannt, in den das Geld beim Überfall gesteckt worden war.

ii Ein Bankräuber in Schleswig-Holstein war etwas verdutzt, als er nach einem gescheiterten Überfall aus der Bank kam und feststellte, dass jemand sein Fluchtfahrrad gestohlen hatte.

iii Ein junger Einbrecher wollte nachts durch die Dachluke in einen Leipziger Supermarkt einbrechen. Er stürzte aber dabei und landete in einem Regal voller Ketchup-Flaschen. Man fand ihn am nächsten Morgen mit rot verschmierter Kleidung und einem gebrochenen Bein hinter der Kasse. Er war eingeschlafen.

iv Ein junger Mann versuchte, die Handtasche einer 83-jährigen Frau zu stehlen, als sie gerade in einem Fotoautomaten Passbilder machen ließ. Er steckte seinen Kopf aber gerade in dem Moment in die Kabine, als der Automat blitzte. Damit hatte man ein wunderschönes Fahndungsfoto und er wurde noch am selben Nachmittag festgenommen.

1   Welcher Verbrecher …

   a   hat sich verletzt?

   b   hat Bargeld gestohlen?

   c   hat es der Polizei leicht gemacht, ihn zu identifizieren?

   d   wollte im Dunkeln handeln?

   e   war selbst Opfer eines Verbrechens?

2   Welche nummerierten Wörter entsprechen am besten den Wörtern aus den Texten?

a verdutzt	i gefasst	v vollendeten
b gescheiterten	ii verärgert	vi gefallen
c gestürzt	iii misslungenen	vii verwirrt
d festgenommen	iv gefunden	viii gerutscht

Wortschatz

Die Polizei, dein Freund und Helfer

1   Bilden Sie zusammengesetzte Substantive. Verbinden Sie dabei „Polizei-" mit einem anderen Wort und ordnen Sie das Wort den Erklärungen zu.

   a   Hilft oft bei der Suche nach Drogen.   i   −einsatz

   b   Die Autos werden angehalten und die Fahrer nach den Papieren gefragt.   ii   −hund

   c   Wo man hingeht, um ein Verbrechen persönlich zu melden.   iii   −kommissar

   d   Gibt der Polizei heimlich nützliche Informationen.   iv   −kontrolle

   e   Wenn bei einem Vorfall mehrere Polizisten mobilisiert werden.   v   −spitzel

   f   Ermittelnder Polizeibeamter   vi   −wache

2   Silbenrätsel: Finden Sie die Wörter und setzen Sie sie in die passenden Textlücken ein.

Blau	dung	Fahn	fen	folg	gen	gungs	Hand	jagd
len	licht	ort	schel	Spur	Strei	Tat	Ver	wa

Nach dem Überfall war die Polizei sehr schnell am .... Dort fand sie eine .... und begann gleich mit der .... nach dem Täter. Ein .... fuhr mit .... durch die kleine Stadt. Als die Polizisten das Fluchtauto sahen, gab es eine kurze ...., bis das Auto in eine Sackgasse fuhr. Der Täter wurde schnell festgenommen. Ihm wurden .... angelegt und er wurde zur Polizeiwache gefahren.

4 Weiterdenken

Kavaliersdelikte

Kavaliersdelikte sind eigentlich strafbar, werden von der Gesellschaft aber oft als harmlos angesehen. Die Grenze zwischen „akzeptabel" und „Polizei anrufen" ist fließend. Was meinen Sie zu den folgenden Beispielen?

•   Man stellt am Fahrkartenautomaten fest, dass man kein Kleingeld hat, muss aber zu einem Termin in die Stadt fahren.

•   Auf dem Weg zu einem Besuch bei der Großmutter geht man durch den Stadtpark. Die Blumenbeete sind sehr verlockend, und die Oma mag Blumen.

•   Der Apfelbaum im Garten des Nachbarn hängt fruchtbeladen zum Teil über den Zaun und die Nachbarn sind fürs Wochenende verreist.

1   Was meinen Sie? Wie viel Prozent der Befragten haben bei einer Umfrage in Deutschland folgende „Kavaliersdelikte" als akzeptabel angesehen?

                                       %   Delikt

   a   In öffentlichen Verkehrsmitteln ohne Fahrkarte zu fahren.   ☐ ☐

   b   Filme aus dem Internet herunterzuladen.   ☐ ☐

   c   Schreibwaren von der Arbeit mit nach Hause zu nehmen.   ☐ ☐

d   Aus dem Urlaub zurückzukommen, ohne Einkäufe zu verzollen.   ☐ ☐

e   Andere Leute (Handwerker, Putzfrau …) ohne Papiere zu beschäftigen.   ☐ ☐

f   Falsche Angaben bei einer Steuererklärung zu machen.   ☐ ☐

g   Fundsachen zu behalten, anstatt sie bei der Polizei oder im Fundbüro abzugeben.   ☐ ☐

h   Ein Restaurant oder eine Bar zu verlassen, ohne zu zahlen.   ☐ ☐

i   Bei der Versicherung Falschangaben zu machen.   ☐ ☐

2   Welches Delikt ist das? Tragen Sie die römischen Zahlen in die obigen Kästchen ein.

i   Schmuggeln   ii   Betrug   iii   Raubkopien   iv   Schwarzfahren

v   Zechprellerei   vi   Steuerhinterziehung   vii   Schwarzarbeit   viii Diebstahl

3   Welches Delikt aus Schritt 2 könnte man vor sich selbst moralisch wie folgt rechtfertigen? Tragen Sie den entsprechenden Buchstaben in das Kästchen ein.

a   „Der Staat macht mit meinem Geld sowieso nur Unsinn und die Politiker stopfen sich auch nur die Taschen voll."   ☐

b   „Da kann ich gleich einen alten Blechschaden reparieren lassen, und ich zahle sowieso seit Jahren, ohne einen Anspruch zu erheben."   ☐

c   „Er kommt immer zu spät, ist überfüllt und immer schmutzig – dafür soll ich auch noch Geld bezahlen?"   ☐

d   „Ich kann sie mir nicht leisten, will sie aber haben. Da wird kein Mensch geschädigt, und die machen sowieso genug Geld damit."   ☐

e   „Hauptsache ich kriege es billiger. Was kümmert es mich, ob sie ihr Einkommen angeben?"   ☐

5 Textverständnis

Nicht alle Polizeieinsätze stehen mit einem Verbrechen in Zusammenhang. Die Polizei muss zunehmend auch in Asylstreitfällen als Staatsorgan eingreifen, wie hier in Österreich bei einer Familie aus dem Kosovo.

Darf man Säuglinge aus dem Land schicken?

Am 10. Oktober wurde in der österreichischen Bundeshauptstadt Wien der Gemeinderat gewählt. Vier Tage vor dem Urnengang drangen mitten in der Nacht Polizisten in eine Wohnung ein. Das Wiener Sonderkommando Wega, eine Spezialeinheit für besonders riskante Einsätze, holte zwei kleine Mädchen und ihren Vater aus dem Bett. Einer der Beamten sicherte das Kinderzimmer mit einem Sturmgewehr, als drohe von den Volksschülerinnen äußerst große Gefahr.

Sechs ihrer acht Lebensjahre hatten die beiden Schwestern in Österreich verbracht. Ihr Geburtsland, den Kosovo, kannten sie nicht. Die zuständige Behörde der oberösterreichischen Stadt Steyr, in der die Familie lange wohnhaft war, hatte erklärt, die Zwillingstöchter seien bestens integriert. Die Mutter lag – nach einem Nervenzusammenbruch – in einem Wiener Spital. Die Frau war vor Kurzem wegen Selbstmordgefahr stationär aufgenommen worden. Sie ahnte nicht, dass ihre Töchter gerade nach Pristina ausgeflogen wurden.

Der österreichische Staatsapparat hatte viel Zeit vergehen lassen, um den Asylantrag der Familie Komani abzulehnen. Die Innenministerin der konservativen Volkspartei (ÖVP), Maria Fekter, verteidigte zunächst die Amtshandlung gegen die Kleinen. Selbst das Sturmgewehr im Kinderzimmer sei legitim gewesen, meinte sie, wobei sie der Familie auch noch indirekt Gewalttätigkeit unterstellte: „Ist von einer Familie Widerstand bei der Abschiebung zu erwarten, muss entsprechend vorgegangen werden." Zudem müsse Recht eben Recht bleiben, verkündete die Ministerin, die das österreichische Asylgesetz ohne Unterlass verschärft. Der Verweis auf die Paragrafen taugt indes nicht als Ausrede, denn eine menschlichere Auslegung wäre durchaus möglich gewesen. Aber es ging wohl darum, einmal mehr ein Exempel zu statuieren und nicht Milde walten zu lassen.

Die Komanis sind ein Fall unter vielen. Im Wiener Polizeigefangenenhaus, so die Wiener Stadtzeitung „Falter", werden jede Woche unschuldige Kinder eingesperrt. Es gibt dort sogar ein Kästchen voller Babybrei, denn der Mensch kann in manchen Staaten gar nicht klein genug sein, um nicht als illegal zu gelten, und deshalb finden sich in manchen Zellen auf den Toiletten auch Töpfchen.

Doron Rabinovici, www.welt.de

1 Ermitteln Sie aufgrund der ersten zwei Absätze die richtige Reihenfolge der Geschehnisse. Nummerieren Sie sie.

a   Die Kinder gehen zur Schule. ☐

b   Die Kinder fliegen in den Kosovo. ☐

c   Die Mutter wird ins Krankenhaus eingeliefert. ☐

d   Die Kinder werden geboren. ☐

e   Die Mutter erleidet einen Nervenzusammenbruch. ☐

f   Die Familie kommt nach Österreich. ☐

g   Die Kinder werden festgenommen. ☐

h   Die Polizei dringt in die Wohnung ein. ☐

2 Kreuzen Sie an, ob die folgenden Aussagen aufgrund des Textes richtig oder falsch sind. Begründen Sie Ihre Antwort mit Informationen aus dem Text.

	richtig	falsch
a Die Polizei war beim Einsatz mehr als üblich bewaffnet.	X	☐

Begründung: mit einem Sturmgewehr ....

b   Die Zwillinge wurden in Österreich geboren. ☐ ☐

Begründung: ....

c   Die Mutter war in Pristina im Krankenhaus. ☐ ☐

Begründung: ....

d   Die Innenministerin billigte die Polizeiaktion. ☐ ☐

Begründung: ....

e   Die Polizei hat damit gerechnet, dass die Familie ihre Festnahme nicht ruhig akzeptieren würde. ☐ ☐

Begründung: ....

f   Die Polizei übergibt alle mitverhafteten Kleinkinder dem Sozialamt.   ☐   ☐

Begründung: ....

6 Grammatik unter der Lupe

Finalsätze

Finalsätze beantworten die Frage „Wozu?", „Zu welchem Zweck?", „Mit welchem Ziel?"

Die Polizei hat die Straße blockiert – wozu?

Sind die Subjekte in beiden Satzteilen gleich, benutzt man einen Infinitivsatz mit **um … zu** (+ **Infinitiv**).

*Die Polizei hat die Straße blockiert, **um** den Autodieb **zu** fangen.*

Wenn die Subjekte in beiden Satzteilen verschieden sind, benutzt man einen Nebensatz mit **damit**.

*Die Polizei hat die Straße blockiert, **damit** der Autodieb nicht entkommt.*

Zur Wortstellung:

- Bei **um … zu** steht das Verb als Infinitiv am Satzende.

- Bei **damit** steht das Verb am Ende, wie in jedem Nebensatz.

- In beiden Fällen kann der Hauptsatz auch nach dem Infinitivsatz bzw. Nebensatz stehen. Dann steht das Verb im Hauptsatz **an erster Stelle**.

***Damit** der Autodieb nicht entkommt, hat die Polizei die Straße blockiert.*

1   Finden Sie in dem Lesetext „Darf man Säuglinge aus dem Land schicken?" weitere Beispiele.

2   Verbinden Sie die Satzteile zu sinnvollen Sätzen. Dadurch entsteht eine Kriminalgeschichte.

a Hansi lief über die Straße,	**i** um die Jugendlichen wiederzufinden.
b Er verschwand in der Fleischerei,	**ii** um dem Ladenbesitzer zu entkommen.
c Die anderen Kunden machten Hansi Platz,	
d Hansi sprang über die Theke,	**iii** um sich ein Steak zu holen.
e Dann lief Hansi hinten aus dem Geschäft hinaus,	**iv** um den zwei Jugendlichen zu entkommen.
f Er lief schnell um die Ecke,	**v** zogen sie ihm das Steak zwischen den Zähnen heraus.
g Hansi sprang über die ausgestreckten Arme der Jugendlichen,	
h Als die Jugendlichen Hansi endlich gefangen hatten,	**vi** damit er an die Theke kam.
	vii um an die Rindersteaks zu kommen.
i Die Jugendlichen entschuldigten sich beim Fleischer und bezahlten für das Steak.	**viii** damit sie ihn nicht fangen konnten.

Was meinen Sie, was Hansi dazu gesagt hat?

3 Wozu machen sie das? Vervollständigen Sie die Sätze entweder mit *um ... zu* oder mit *damit*.

a Beate und Petra haben ihre Fahrräder ans Gitter angeschlossen, ...

....

b Der Bankräuber hat die große Tasche voller Geld im Wald versteckt, ...

....

c Der Polizeibeamte hat das Auto angehalten, ...

....

d Der Ladenbesitzer hat eine neue Überwachungskamera installiert, ...

....

e Der Dieb hat hinter den Büschen gekauert, ...

....

f Der Streifenwagen hat das Blaulicht eingeschaltet, ...

....

7 Schriftliche Übungen

Diese Übungen beziehen sich teilweise auf die Texte im Schülerbuch.

1 Im Hörtext haben Sie über Jugendliche gehört, die einen Tag im Gefängnis „zu Besuch" waren. Schreiben Sie jetzt aus der Perspektive eines der Jugendlichen. Sie wollen Ihren Freunden davon erzählen und sie dazu bewegen, sich weniger an Kleinkriminalität zu beteiligen. Schreiben Sie entweder eine E-Mail, einen Blogeintrag oder einen Artikel für die Schulzeitung.

2 Sie wohnen um die Ecke vom Kfz-Betrieb Kellermann und haben erfahren, dass diese Autowerkstatt junge entlassene Kriminelle anstellt und ausbildet. Als ältere Frau sind Sie beunruhigt, dass dadurch mehr kriminelle Jugendliche angelockt werden. Sie wollen Ihre Sorgen äußern. Schreiben Sie entweder einen Leserbrief an die Lokalzeitung, einen Brief an Herrn Kellermann oder den Text einer Rede vor einer Bürgerversammlung.

3 Als Nachbar der Familie Komani (Übung 5 Textverständnis) wohnen Sie gleich nebenan. Schreiben Sie entweder eine E-Mail an Ihre Schwester oder einen Blogeintrag und beschreiben Sie die Ereignisse der vorigen Nacht aus Ihrer Perspektive. Bringen Sie dabei auch Ihre Gefühle und Gedanken zum Ausdruck.

5 Ein Planet für alle

5.1 Der Mensch als globaler Konsument

---

1 Wortschatz

Wirtschaft

Wenn man sich mit globalen Wirtschaftsfragen beschäftigt, ist es nützlich, einige Kernvokabeln zum Thema zu kennen.

1 Finden Sie die Synonyme. In einem Fall gibt es zwei Synonyme.

die Ausfuhr	die Fertigung	die Herstellung	der Profit	der Zweig
die Branche	die Firmenleitung	die Konferenz	die Tagung	
der Export	der Gewinn	die Produktion	der Vorstand	

2 Verbinden Sie die Begriffe links mit den Erklärungen rechts.

a	Fabrik (f)	**i**	Eine Firma verkauft ihre Waren an sie.
b	Gastarbeiter (m)	**ii**	Euro, Dollar, Yen, Pfund usw.
c	Kunden (pl.)	**iii**	Er lebt und arbeitet in einem fremden Land.
d	Schwarzarbeit (f)	**iv**	Eine schriftliche Vereinbarung zwischen zwei Parteien.
e	Vertrag (m)	**v**	Hier werden Produkte hergestellt/zusammengebaut.
f	Währung (f)	**vi**	Wenn man arbeitet, ohne dass die Behörden davon wissen.

3 Silbenrätsel: Finden Sie die passenden Wörter für die folgenden Sätze.

Bör	cke	del	dest	Ein	fra
ge	han	lohn	lü	Markt	Mes
Min	Nach	se	se	zel	

a Wie viele Leute ein Produkt verlangen. ....

b Hier kann man neue Produkte von vielen Firmen sehen. ....

c Hier werden Aktien von Firmen gekauft und verkauft. ....

d Individuelle Geschäfte, zum Beispiel in einem Einkaufszentrum. ....

e   Man stellt fest, dass es für diesen Bedarf noch kein Produkt gibt – es gibt eine
    ....

f   Gesetzlich darf man seinen Arbeitern nicht weniger Geld zahlen als den ....

4   Setzen Sie die Wörter in die Sätze ein.

| Angestellte | Marktforschung | Verhandlungen |
| Marktanteil | Rechnung | Wanderarbeiter |

a   Die .... hat gezeigt, dass die Verbraucher auf die Qualität mehr Wert
    legen als auf den Preis.

b   Normalerweise sollte man eine .... innerhalb von 30 Tagen
    bezahlen.

c   Nach wochenlangen .... haben sich die zwei Parteien endlich
    geeinigt.

d   In der Agrarwirtschaft gibt es viele ...., die saisonbedingt arbeiten.

e   Der .... deutscher Autos liegt in den USA unter 10 %.

f   Transnationale Konzerne haben zahlreiche .... in vielen Ländern.

2 Textverständnis

Die globale Vernetzung des modernen Modegeschäfts wird in dem folgenden
kurzen Zeitungsartikel beschrieben.

Weltumrundung der Jeans

Am Beispiel einer Jeans wird deutlich, welche Reise ein Kleidungsstück in der Regel
macht, bevor es ins Geschäft kommt.

Baumwolle, der Rohstoff für Jeans, wird in Indien angebaut. Auf großen Plantagen,
mit viel Dünge- und Pflanzenschutzmitteln. Kinderhände pflegen das Saatgut. Es sind
schätzungsweise 450.000.

Nach der Ernte wird die Baumwolle mit dem Lkw nach China transportiert und dort mit
einer Schweizer Maschine versponnen. Verschifft wird die Baumwolle nach Taiwan, wo
sie in Indigofarbe aus Deutschland eingelegt wird. Der Stoff wird nach Polen geflogen
und dort auf deutschen Ringspinnmaschinen gewebt. Viele der dort arbeitenden
Menschen leiden unter dem sogenannten Weberhusten, ausgelöst durch eingeatmete
Baumwollfasern. Das Innenfutter kommt aus Frankreich.

Aus Schweden werden Schnittmuster und Design per
E-Mail auf die Philippinen geschickt. Dort werden die Stoffe
zusammengenäht, in der Regel in sogenannten Sweatshops, in
denen Gesetze, Mindestlöhne und Steuern missachtet werden. In
Griechenland wird die Jeans mit Bimsstein bearbeitet. Schließlich
landet sie in Österreich, wo sie verkauft und getragen wird.
Nachdem die Hose in die Altkleidersammlung gesteckt wurde,
wird sie in den Niederlanden sortiert und dann mit dem Schiff nach
Afrika transportiert und erneut verkauft.

Damit legt jede Jeans im Laufe ihres „Lebens" mindestens
50.000 km zurück.

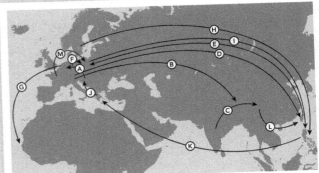

Tobias Trattler, Die Presse

5

Sehen Sie sich die Weltkarte an. Entscheiden Sie aufgrund der Informationen im Text, welcher Satz unten zu welchem Pfeil auf der Weltkarte passt.

		Pfeil
1	Das Material wird per Flugzeug nach Europa transportiert.	E
2	Ein Lastwagen bringt die Baumwolle nach China.	
3	Deutschland verkauft Maschinen an sein osteuropäisches Nachbarland.	
4	Deutschland exportiert den Farbstoff nach Asien.	
5	Die Chinesen kaufen Maschinen aus der Schweiz.	
6	Die Entwürfe werden aus Skandinavien geschickt.	
7	Die ausrangierte Jeans wird nach Holland geschickt.	
8	Die Stoffe werden zurück in den Fernen Osten transportiert.	
9	Die Franzosen liefern das Innenfutter für den Stoff.	
10	Das fertige Kleidungsstück landet in österreichischen Läden.	
11	Die Baumwolle wird dann anderswo gefärbt.	
12	Die Jeans macht eine letzte Reise zu einem dritten Kontinent.	
13	Als fertig genähte Jeans kommt sie nach Europa zurück.	

3 Sprache unter der Lupe

Zeitangaben

Im Schülerbuch haben Sie den Unterschied zwischen Zeitadverbien und Gradadverbien geübt. Hier vertiefen Sie den Umgang mit Zeitangaben weiter.

1 Eine Zeitangabe kann die Frage „Wann?" beantworten, aber auch die Frage „Wie oft?"

Ordnen Sie die Wörter und Ausdrücke aus der Liste in die Tabelle ein.

damals	heutzutage	oft	täglich	dauernd	immer noch
öfters	tagsüber	derzeit	jahrelang	seit Wochen	vor einem
Monat	einmal	momentan	seitdem	zeitweise	

Wie oft?	Wann?	
	Zeitpunkt	Zeitdauer

2 Verwenden Sie jetzt einige dieser Ausdrücke sinnvoll in dem folgenden kurzen Text.

Es war .... ganz normal, dass viele große Weltmarken die Arbeiter

in weniger entwickelten Ländern ausgenutzt haben, aber .... ist

der Druck der Konsumenten viel stärker und das Angebot an Fair-Trade-Produkten viel

größer. Das Problem existiert aber .... gibt

es weltweit über 70 Millionen Kinder unter zehn Jahren, die von Kinderarbeit betroffen

sind. Kinder werden .... aus dem Heimatdorf in die Stadt geschickt,

um dort zum Beispiel in Kleiderfabriken zu arbeiten. Oder ganze Familien arbeiten

.... auf Plantagen. Viele Kinder haben dann ....

kaum Gelegenheit, in die Schule zu gehen, weil sie von 8 bis 18 Uhr arbeiten müssen, und sie

können nur .... ihre Schularbeiten machen.

3 Eine Zeitangabe können Sie auch verwenden, um die zeitliche Reihenfolge zu verdeutlichen. Suchen Sie oben drei Beispiele im Text „Weltumrundung der Jeans".

Hier sind weitere Beispiele:

anschließend	danach	nachher	zuerst
anfangs	gleichzeitig	vorher	zum Schluss

Wo könnte man im Jeans-Text einige dieser Zeitangaben sinnvoll einsetzen?

4 Ihre Schule organisiert einen Schreibwettbewerb: 250 Wörter zum Thema „Arbeit – damals und heute". Schreiben Sie einen Vergleich, der auf Erfahrungen in Ihrer eigenen Familie beruht. Benutzen Sie dabei einige Zeitadverbien.

4 Textverständnis

Kinderarbeit ist nicht nur ein Problem, wenn es um Produkte im eigenen Land geht, wie dieser Auszug aus einer Kurzgeschichte zeigt, die in Thailand spielt.

Wenn ich bei euch wär

„Schöne Blumen! Schenken Sie Blumen! Blumen machen Freude!"

Thon bleibt stehen. Drei Leute kommen ihm entgegen. Sie nehmen die Hälfte der Straße ein. Eine Frau, ein Mann, in der Mitte ein Mädchen. Sie sind fröhlich und ausgelassen. Das Mädchen hat die Arme um die Schultern ihrer Eltern gelegt. Jetzt schwingt sie die Beine in die Luft, macht einen weiten Satz nach vorn und landet so dicht vor Thon, dass er für einen Augenblick ihren Atem im Gesicht spürt.

Erschrocken weicht das Mädchen zurück. Sie zieht die Schultern hoch, sieht ihm ins Gesicht, und dann redet sie sehr schnell in einer fremden Sprache auf ihn ein. Sie ist vielleicht so alt wie er, hat hellblaue Augen, helle Haut, strohblonde Haare, so blond, wie Thon es noch nie gesehen hat. Ihre Stimme plätschert wie ein Wasserfall.

Thon versteht kein Wort. Er hält ihr den Rosenstrauß hin und sieht sie fragend an.

Das Mädchen redet mit ihren Eltern. Alle drei lächeln. Es ist das Touristenlächeln, das Thon gut kennt. Jetzt muss er schnell sein. Er schwenkt seinen Rosenstrauß dem Mann entgegen.

Der Mann versteht. Er zieht eine Rose aus dem Strauß und gibt sie der Frau. Dann zieht er noch eine Rose heraus und gibt sie dem Mädchen. Er zahlt den doppelten Preis.

Thon steckt das Geld ein, verbeugt sich, will weitergehen.

Da redet das Mädchen mit ihrer schnellen Stimme auf den Mann ein, und der Mann winkt Thon zu sich heran.

Thon bleibt stehen.

Das Mädchen kommt auf ihn zu, sieht ihm in die Augen, zeigt mit dem Finger auf sich und sagt: „Jutta!" Dann zeigt sie auf Thon und sagt: „Und du?"

Thon zieht die Schultern hoch. Das Mädchen zeigt nacheinander auf die Frau, auf den Mann, dann auf sich selber und sagt: „Mama, Papa, Jutta ..." Dann zeigt sie noch einmal auf ihn und sagt wieder: „Und du?"

„Thon", sagt Thon.

Sie lacht und sagt: „Foto, Thon?"

Der Mann zückt seinen Fotoapparat und nickt ihm aufmunternd zu.

Ach so.

Das Mädchen stellt sich neben ihn und lächelt ihm zu.

Thon lächelt nicht.

Der Mann knipst, das Blitzlicht blendet Thon in den Augen.

„Danke", ruft der Mann. Dann greift er in seine Tasche und schenkt Thon noch ein Geldstück.

Thon verbeugt sich und geht. An der Straßenecke dreht er sich um und sieht zurück.

Die drei stehen immer noch auf derselben Stelle und winken ihm zu. Das Mädchen ruft etwas, aber natürlich versteht Thon kein Wort. Er hebt die Hand und winkt zurück. Das Mädchen lacht, als hätte er etwas Lustiges gesagt.

Bis nach Mitternacht ist Thon heute unterwegs. Zwei Rosen verkauft er noch. Dann kauft er sich für das überzählige Geld, das der Fotomann ihm gegeben hat, etwas zu essen. Einmal glaubt er im Menschengewimmel das blonde Mädchen zu sehen, aber als er noch einmal hinsieht, ist sie weg. Doch in seinen Gedanken taucht sie immer wieder auf und fliegt mit ihren wasserblauen Augen direkt auf ihn zu. Und da fallen ihm sogar die fremden Wörter wieder ein. Leise sagt er sie vor sich hin: „Mamapapajuttafotodanke." Komische Sprache.

Schließlich liefert er die Blumen und das Geld bei den Männern ab, die ihn von seinem Vater gekauft haben, und die nun über ihn bestimmen. Obwohl sie wie immer mit seinen Einnahmen nicht zufrieden sind, schlagen sie ihn heute nicht. Müde aber ausnahmsweise nicht hungrig, lässt er sich auf seinem Schlafplatz in der Wellblechhütte nieder. Sie liegt in dem Teil der Stadt, in den sich die Touristen nur selten verlaufen.

Drei Jungen sind schon da. Sie schlafen oder tun so, als ob. Auch Thon lässt sich auf seine Matte nieder und hängt seinen Gedanken nach. Durch das Loch im Dach sieht er ein paar Sterne. Es sind dieselben Sterne, die er zu Hause gesehen hat, in seinem Dorf.

Die Mutter hat geweint, als er fortgegangen ist. Aber die Männer haben den Eltern Geld gegeben. Sie haben davon gesprochen, dass Thon bei ihnen viel verdienen und dass es ihm gut gehen würde. Und es sei nur für kurze Zeit, haben alle gesagt. Da war Thon neugierig geworden und hatte sich vorgenommen, das viele Geld zu sparen. Und wenn er zurückkäme, hat er seine Mutter getröstet, wenn er zurückkäme, würden sie alle reich werden.

Aus: Herbert Günther, *Mach's gut Lucia! Ein Geschichtenbuch über Kinder der Welt* (2006)

1 Was ist für Thon ungewöhnlich am Aussehen des Mädchens?

A ihr Alter   **B** ihre Augen   **C** ihre Haut   **D** ihre Haare

2 Woher wissen wir, dass das Mädchen mit Thon schnell spricht? ....

....

3 Was bedeutet für Thon „das Touristenlächeln"?

A Dass sie Mitleid mit ihm haben.   **C** Dass sie Blumen kaufen werden.

B Dass sie ihn lustig finden.   **D** Dass sie weitergehen wollen.

4 Was passiert nach dem Foto? ☐

    A Thon bedankt sich und geht weg.

    B Das Mädchen bedankt sich und die Familie geht weg.

    C Thon ruft dem Mädchen etwas zu.

    D Thon geht nach Hause.

5 Kreuzen Sie an, ob die folgenden Aussagen aufgrund des Textes richtig oder falsch sind. Begründen Sie Ihre Antwort mit Informationen aus dem Text.

		richtig	falsch
a	Spät am Abend isst Thon etwas.	☒	☐

    Begründung: *Er kauft sich etwas zu essen.* ....

| b | Später sieht Thon das Mädchen mehrmals. | ☐ | ☐ |

    Begründung: ....

| c | Am Ende des Tages hat er nicht alle Blumen verkauft. | ☐ | ☐ |

    Begründung: ....

| d | Thon wohnt bei Verwandten. | ☐ | ☐ |

    Begründung: ....

| e | Thon wohnt mitten unter den Touristen. | ☐ | ☐ |

    Begründung: ....

6 Was verbindet Thon noch mit seiner Familie? ☐

    A Die anderen Kinder sind seine Brüder.   C Der Blick in den Nachthimmel.

    B Ein Foto von seinem Dorf.   D Die Schlafmatte von Zuhause.

7 Womit haben die Männer, die Thon von zu Hause weggeholt haben, die Eltern **nicht** beruhigt? ☐

    A Dass die Männer sich um Thon kümmern werden.

    B Dass Thon nicht lange wegbleiben wird.

    C Dass Thon ein schönes Zuhause haben wird.

    D Dass Thon viel Geld verdienen wird.

8 Es wird mehrmals darauf hingewiesen, dass Thon kein Deutsch versteht. Wie erklären Sie dann die erste Zeile der Geschichte?

....

5 Schriftliche Übung

Abends im Hotel schreibt das Mädchen über dieses Ereignis und ihre Gedanken zum Thema Kinderarbeit und Kinderausbeutung. Schreiben Sie entweder ihren Tagebucheintrag, ihre E-Mail an eine Freundin oder einen Artikel für ihre Schulzeitung. Schreiben Sie 250–400 Wörter.

5.2 Der Mensch in der Natur

1 Wortschatz

Umwelt

Nachfolgend finden Sie eine Liste zusammengesetzter Wörter zum Thema Umwelt. Allerdings sind die Wörter falsch zusammengesetzt. Kombinieren Sie die Wörter richtig und setzen Sie sie in die Satzlücken ein.

1 Der .... steigt wegen schmelzender Eiskappen und dadurch werden .... bedroht.

2 In vielen Großstädten führen .... zu Gesundheitsproblemen wegen hoher ....

3 Die .... durch den Flugverkehr wird durch den Bau der neuen Startbahn erheblich erhöht.

4 Der .... trägt viel zur Stabilisierung des globalen Klimas bei.

5 Wenn wir weniger fossile Brennstoffe benutzen, helfen wir, den .... zu verlangsamen.

6 Kosmetikprodukte enthalten oft .... und wenn diese ins Meer gelangen, bedrohen sie die Fischbestände.

KÜSTENEFFEKT

LÄRMPERLEN

LUFTSPIEGEL

MEERESSTAUS

REGENBELÄSTIGUNG

MIKROREGIONEN

TREIBHAUSVERSCHMUTZUNG

VERKEHRSWALD

2 Wortschatz

Tourismus

Bilden Sie mit den Wörtern aus der Liste zusammengesetzte Wörter mit REISE- und setzen Sie diese passend in die Satzlücken ein.

1 Sie ist vom Pferd gefallen und hat sich den Arm gebrochen. Zum Glück hatte sie eine Reise.................................

2 Das Auto hatte 50 km vor dem Reise............................... eine Panne.

3 Die Familie hat ihren Sommerurlaub beim Reise............................... in der Stadt gebucht.

4 Sie hatten eine lange Autofahrt vor sich und haben deswegen vorher Reise............................... eingekauft.

5 Er war noch nie vorher in Österreich gewesen und hat sich deshalb einen Reise............................... gekauft.

6 Der Reise............................... hat ihnen versichert, dass sie ein Zimmer mit Meeresblick bekommen.

7 Er hat sich als Reise............................... ein Buch über die Geschichte Berlins gekauft.

8 Am Flughafen hat sie mit Entsetzen festgestellt, dass ihr Reise............................... nicht mehr gültig war.

9 Der Grenzschutzbeamte hat sein Reise............................... durchgesucht.

10 Nach dem Urlaub hat sie einen Reise............................... als Blog verfasst.

-BERICHT

-BÜRO

-FÜHRER

-GEPÄCK

-LEKTÜRE

-PASS

-PROVIANT

-VERANSTALTER

-VERSICHERUNG

-ZIEL

3 Grammatik unter der Lupe

Satzverbindungen: Konzessivsätze

1 Schreiben Sie diese Sätze mit „**obwohl**" um.

   a Sie hatten eine detaillierte Landkarte. Trotzdem haben sie sich verfahren.

   ....

   b Der Strand hier ist sehr steinig. Trotzdem ist er sehr beliebt.

   ....

   c Das Hotel hatte ein renommiertes Restaurant. Trotzdem sind sie abends immer ausgegangen.

   ....

   d Er ist erst eine Stunde vor der Abflugzeit am Flughafen angekommen. Trotzdem hat man ihn einchecken lassen.

   ....

   e Das Wetter am Wochenende war sehr bewölkt. Trotzdem sind wir zum Strand gegangen.

   ....

2 Für solche konzessiven Aussagen ist auch „**trotz**" + Genitiv möglich. Hierfür brauchen Sie ein passendes Substantiv, das Sie in den Genitiv setzen.

   Beispiel: *Sie hatten eine detaillierte Landkarte. Trotzdem haben sie sich verfahren.*

               Trotz der detaillierten Landkarte haben sie sich verfahren.

   Schreiben Sie die folgenden Sätze mit *trotz* um.

   a Die Stimmung im Restaurant war schlecht. Trotzdem hat er den Abend genossen.

   ....

   b Obwohl die Strände überlaufen sind, fahren viele Familien jedes Jahr dorthin.

   ....

   c Obwohl er viele Souvenirs hatte, hatte er immer noch Platz im Gepäck.

   ....

   d Sie war nach der Reise sehr müde. Trotzdem ist sie abends tanzen gegangen.

   ....

   e Obwohl es windig war, sind sie ohne Jacke ausgegangen.

   ....

3 Konzessivsätze können Sie auch mit „zwar ... aber" bilden. Dabei können Sie den mit „aber" gebildeten Teilsatz durch „trotzdem" verstärken. Schreiben Sie diese Sätze um.

Beispiel: *Sie hatten eine detaillierte Landkarte. Trotzdem haben sie sich verfahren.*

*Sie hatten **zwar** eine detaillierte Landkarte, haben sich **aber (trotzdem)** verfahren.*

a Obwohl er wenig Geld hat, will er unbedingt im Sommer nach Hawaii fahren.

    ....

b Obwohl sein Flug erst um 17 Uhr ging, war er schon mittags am Flughafen.

    ....

c Obwohl das Hotel laut Website ein großes Schwimmbad hatte, war es wegen Renovierung geschlossen.

    ....

d Auf dem Markt versucht er immer zu verhandeln, obwohl er die Landessprache nicht versteht.

    ....

e Sie sind jeden Tag im Meer schwimmen gegangen, obwohl das Wasser noch ziemlich kalt war.

    ....

4 Textverständnis

In der Bürgerversammlung

Im Schülerbuch haben Sie an einer Bürgerversammlung teilgenommen, bei der es um die Zukunft des Dorfes Alpenbach als Touristenziel geht. Die beteiligten Personen waren:

A Frau Kaiser, Bürgermeisterin	E Herr Feldmann, Landwirt und Skilehrer
B Herr Bach, Vertreter einer Umweltgruppe	F Frau Hauss, Einwohnerin
C Herr Francke, Manager des Sporthotels	G Anna Ludewig, Schülerin
D Frau Freund, Urlauberin im Dorf	H Herr Bergmann, Einwohner

Wer hätte die folgenden Aussagen machen bzw. Fragen stellen können? Tragen Sie den entsprechenden Buchstaben in das Kästchen ein.

1 Ich kann von der Milchviehhaltung allein nicht leben.

2 Warum wollen diese Ökos uns immer zurückhalten? Wir müssen doch an die Zukunft denken und in den Tourismus investieren.

5

3　Es wäre mir ehrlich gesagt lieber, wenn Sie sich mehr Gedanken darüber machen würden, was Sie den Jugendlichen bieten können. Sonst bleiben wir Familien weg.

4　Was gibt es denn hier, um meinen Sohn davon abzuhalten, in die Großstadt zu ziehen?

5　Ich fühle mich hier von meinen Freunden isoliert. Das Dorf stirbt langsam ab.

6　Bitte! Es hilft nicht, wenn mehrere Leute gleichzeitig reden.

7　Wenn wir noch mehr Skianlagen bauen, dann zerstören wir die Heimat unserer Bergtiere. Irgendwann müssen wir daran denken, dass wir nicht alleine hier leben.

8　Aber wenn wir das Angebot für Sommerurlauber erweitern, werden wir das ganze Jahr lang von Touristen überlaufen.

9　Wir haben jetzt die Hauptargumente der Wirtschaftslobby gehört. Wer möchte den Standpunkt der Umweltschützer für uns zusammenfassen?

10　Meine Familie ist total vom Touristengeschäft abhängig. Ich mache mir Sorgen um unsere Zukunft.

11　Das Sporthotel war doch eine reine Fehlinvestition für so ein kleines Dorf.

12　Meine Frau macht sich Sorgen, dass das Café zumacht.

5 Wortschatz

In den Alpen

Wie gut kennen Sie sich mit der Alpenlandschaft aus? Lösen Sie die Buchstabenrätsel und setzen Sie die Wörter in die richtige Spalte.

UHK	HRUBANFOE	SOARNPELE	GLESINUD
HABSIELN	IEWDE	ALT	RMIUMLETER
CABH	KIBSETBNC	TÜGEBHERT	DHEDI
NENTA	ÜKEBCR	ESE	ADLW
IGZEBRGEE	HECITF	DWSIEESLE	LENTARSIDR

Naturlandschaft	Pflanzenwelt	Tierwelt	Menschliche Bauten

6 Textverständnis

Zehn Tipps für den sanften Tourismus

Setzen Sie bei diesem Text die fehlenden Titel der Tipps ein. Wählen Sie sie aus der Liste rechts aus. Es gibt mehr Titel, als Sie brauchen.

1 .... Warum in die Ferne schweifen? Deutschlands Seen, Strände und Berge locken zum Urlaubsgenuss.

2 .... Mit der Bahn reist man wesentlich umweltfreundlicher als mit dem Auto – und oft auch noch schneller.

3 .... An vielen Orten kann man problemlos Fahrräder leihen. Oder einfach mal wandern gehen und so die Gegend entdecken.

4 .... Und wenn man unbedingt in den Urlaub fliegen will, gibt es verschiedene Klimainitiativen, durch die man die schädlichen Emissionen ausgleichen kann.

5 .... Wenn man nur so viel mitnimmt, wie wirklich nötig ist, spart man sich schwere Koffer – und muss hinterher weniger waschen.

6 .... Es gibt mehrere Zeichen für sanften Tourismus, zum Beispiel die Blaue Flagge an nachhaltig betriebenen Stränden und Gewässern.

7 .... Man sollte gute Gewohnheiten von zu Hause auch im Urlaub beibehalten. Zum Beispiel nicht übermäßig lange duschen und die Handtücher nicht jeden Tag wechseln.

8 .... Einheimische Restaurants besuchen und regionale Besonderheiten probieren, in kleinen Läden einkaufen – Kultur erleben.

9 .... Sie kühlt zwar das Hotelzimmer, aber die restliche Welt wird wärmer – durch den Stromverbrauch.

10 .... Dann ist die Natur auch für die nächsten Besucher noch schön.

Autoverzicht am Urlaubsort

CO_2-Fußabdruck ausgleichen

Fahrgemeinschaft bilden

Flüge vermeiden

Hotel nachhaltig aussuchen

Keine Klimaanlage

Nachhaltig reisen

Nahe Reiseziele

Siegel beachten

Wasser sparen

Wegschilder beachten

Wenig Gepäck

Wirtschaft vor Ort unterstützen

7 Grammatik unter der Lupe

Satzverbindungen

Im folgenden Text fehlen die Wörter, die den Text als Ganzes zusammenhalten. Setzen Sie jeweils das richtige Wort von der Liste in die Satzlücken ein. Es gibt mehr Wörter, als Sie brauchen.

Der sanfte Tourismus soll die negativen Auswirkungen des Massentourismus in Urlaubsgebieten verringern. Die Umsetzung des Konzepts ist (1)............................. problematisch, (2).............................. der sanfte Tourismus kann logisch gesehen nicht unbegrenzt für alle Urlauber angeboten werden. (3)............................ alle Reisenden ein nachhaltiges Urlaubsziel aussuchen, (4)............................ wird der sanfte Tourismus selbst zum umweltschädlichen Massentourismus.	ALSO AUCH AUCH AUSSERDEM DANN DAZU
Ruhige, abgelegene Ortschaften werden (5)............................ durch kleine Urlauberzahlen in ihrer ländlichen Idylle gestört, und solche Dörfer können schnell der Kommerzialisierung zum Opfer fallen. (6)............................ ist der sanfte Tourismus oft kostspieliger als die pauschalen Ferienangebote der großen Reiseveranstalter. (7)............................ kommt, dass die Planung für den einzelnen Urlauber aufwendiger ist. Man muss (8)............................ als Familie schon stark engagiert sein, (9)............................ man den sanften Tourismus unterstützen will.	DENN FALLS JEDOCH OBWOHL WEIL WENN
Die Entwicklung des sanften Tourismus ist (10)............................ zu begrüßen, aber solche Urlaubsangebote sind ein Nischenprodukt. Die Herausforderung bleibt, den Massentourismus nachhaltiger zu gestalten. (11)............................ Flugreisen zu exotischen Zielen können zu einem nachhaltigen Massentourismus beitragen, (12)............................ sie vor Ort soziale und ökologische Aspekte berücksichtigen.	WENN WENN ZWAR

8 Sprache unter der Lupe

Einleitungen

1 In der Einleitung stimmen Sie den Leser auf das Thema ein. Bei einem Artikel über sanften Tourismus beispielsweise können Sie dies auf unterschiedliche Art und Weise erreichen. Unten links finden Sie fünf verschiedene Anfänge. Ordnen Sie sie den Methoden zu.

a „Der Tourismus zerstört das, was er sucht, indem er es findet." ☐

b Seit einer Generation suchen wir nach einer Lösung für die Probleme des Massentourismus. ☐

c Als „sanften Tourismus" bezeichnet man den Versuch, Urlaub und Umweltschutz in Einklang zu bringen. ☐

d Als ich diesen Sommer die alljährlichen Urlaubsvorbereitungen traf, musste ich an die Ferien meiner Kindheit denken. ☐

e Die Zahlen des Statistischen Bundesamtes belegen es: Bei den Bundesbürgern gibt es einen deutlichen Trend zum Urlaub in Deutschland. ☐

i Das wichtigste Wort erklären/definieren.

ii Interessante Daten/ Zahlen/Fakten nennen.

iii Mit einem Zitat beginnen.

iv Von einer persönlichen Erfahrung erzählen.

v Ein aktuelles Problem benennen.

2   Jede Textsorte gibt sich dem Leser durch gewisse Merkmale zu erkennen. Diese
     Textkonventionen legen auch die Perspektive fest. Um welche Textsorte geht es in den
     folgenden Ausschnitten zum Thema „sanfter Tourismus"?

     Folgende Textsorten stehen zur Auswahl:

Zeitungsartikel	informelle E-Mail	Rede	Leserbrief	Blogeintrag

a   Wie geht's jetzt deiner Großmutter nach dem Unfall? Ich freue mich riesig darauf,
     dass wir nächste Woche zusammen wegfahren. Gut, dass wir unsere Fahrräder im Zug
     mitnehmen können. Hast du schon eine Fahrradkarte für die Region gekauft?

     Textsorte: ....

b   Ich schreibe in Bezug auf Ihren Reiseartikel letzte Woche, in dem der Journalist berichtet,
     dass viele Zugreisende sich darüber beschweren, dass es heutzutage zu viele Fahrräder im
     Gepäckwagen gibt.

     Textsorte: ....

c   Jetzt wird's ernst mit den Vorbereitungen! Wie ihr wisst, fahre ich nächste Woche mit
     meiner Freundin in die Eifel. Wir machen eine Fahrradtour, ihr habt also viele Fotos von
     erschöpften Radlerinnen zu erwarten! Ich werde versuchen, euch mit täglichen Posts auf
     dem Laufenden zu halten. Habt ihr Ausflugsvorschläge für uns?

     Textsorte: ....

d   Es freut mich sehr, im Rahmen unserer Umweltwoche vor euch stehen zu dürfen, um
     euch von der Wichtigkeit nachhaltiger Urlaubsplanung zu erzählen. Hebt bitte die Hand
     – wer hat dieses Jahr Urlaub im Ausland gemacht? Und in Deutschland? Danke. Und wer
     meint, dass er den Begriff „sanfter Tourismus" versteht?

     Textsorte: ....

e   Radfahren macht Spaß und hält den Körper fit. Man verursacht keinen Lärm, schützt die
     Umwelt und ist schnell und flexibel unterwegs. Solche Argumente kennen wir alle schon.
     Was hält uns also davon ab, das Fahrrad mit in den Urlaub zu nehmen?

     Textsorte: ....

9 Schriftliche Übungen

1   Versuchen Sie, zu den obigen Einleitungen Fragestellungen zu formulieren, die Ihnen bei der
     IB-Prüfung zum *Paper 1* vorgelegt werden könnten.

2   Nehmen Sie eine der obigen Einleitungen und schreiben Sie den Text weiter. Denken Sie
     daran, die üblichen Textkonventionen zu beachten.

1 Wortschatz

Nachrichtenquellen

Am Anfang der Einheit 5.3 im Schülerbuch haben Sie diskutiert, woher Sie Ihre Nachrichten bekommen und welche Nachrichtenquellen zuverlässig sind. In letzter Zeit sieht und hört man die neudeutschen Begriffe „Fake News" (also Falschmeldungen) und „postfaktisch" immer mehr, ob in Bezug auf die versuchte Manipulation der Bevölkerung durch Politiker und Medien oder im Zusammenhang mit Falschinformationen auf gehackten Medien. Wie gut kennen Sie den Grundwortschatz zum Thema Presse und Nachrichten?

1 Wählen Sie die richtige Antwort.

   a Die dpa ist

      I   Die offizielle Nachrichtenagentur der deutschen Bundesregierung: Deutsches Pressemitteilungsamt

      II Eine Nachrichtensendung im deutschen Fernsehen: Deutsche Politik aktuell

      III Eine unabhängige deutsche Nachrichtenagentur: Deutsche Presseagentur

      IV Die Zeitung des deutschen Bundestages: Deutscher Parlamentsanzeiger

   b Welcher der folgenden Titel ist *keine* Hauptnachrichtensendung der traditionellen Fernsehanstalten von Deutschland, Österreich und der Schweiz?

      I Heute   II Tagesnachrichten   III Tagesschau   IV Zeit im Bild

   c Zeitungsnamen enthalten oft das Wort „Zeitung" (z. B. „Frankfurter Allgemeine Zeitung"), aber auch andere Wörter. Können Sie diese entschlüsseln?

      i ARUDSHUNC   ii TBATL   iii GZIERAEN   iv RUIKER

      ....

   d Die Entscheidung darüber, was in einer Zeitung veröffentlicht wird, liegt beim

      I leitenden Journalisten.   III Chefkorrespondenten.

      II Chefredakteur.   IV Editor.

   e Eine Veröffentlichung, die zusammen mit der Zeitung ausgeliefert wird (z. B. am Wochenende oder mit Sportinformationen oder dem Fernsehprogramm) ist

      I eine Beilage.   II ein Zuschlag.   III eine Zulage.   IV ein Anhang.

   f Eine Zeitungsseite ist normalerweise in … unterteilt.

      I Zeilen   II Spalten   III Reihen   IV Kolumnen

   g Der Mann, der die Nachrichten im Fernsehen präsentiert, ist ein Nachrichten-

      I -redner.   II -sager.   III -sprecher.   IV -leser.

   h „Schnee von gestern" bezieht sich auf

      I Wetternachrichten.   III alte, nicht mehr aktuelle Nachrichten.

      II Politiker im Ruhestand.   IV ein Ereignis, das bis heute Folgen hat.

2 Verbinden Sie die Begriffe mit den nummerierten Kurzbeschreibungen.

a Eine Zeitung, die oft Sensationsgeschichten und große Fotos auf der Titelseite hat.

b Hier ist die Meinung der Zeitung bzw. des Herausgebers oder des Chefredakteurs zu lesen.

c Ein Artikel über ein Ereignis.

d Ein Artikel, der die Meinung des Verfassers wiedergibt.

e Die groß gedruckten Wörter über einem Artikel.

f Das wird verhängt, wenn man über etwas (z. B. ein laufendes Gerichtsverfahren) nicht berichten darf.

g Eine offizielle Stellungnahme.

i Kolumne

ii Pressemitteilung

iii Nachrichtensperre

iv Bericht

v Schlagzeile

vi Boulevardblatt

vii Leitartikel

2 Textverständnis

Freiwilligenarbeit

Benutzen Sie die folgenden Wörter, um die Lücken im Text zu füllen.

ANDEREN	AUCH	AUCH	BEISPIEL	BEKOMMT	MUSEEN
FREIWILLIGES	FREUEN	HILFE	WÄHREND	IM	SPÄTER
IN	KANN	LANG	LAUFENDEN	MEISTEN	WIRD
NATUR	ODER	OFT	PAAR	SCHÄTZEN	
STAAT	VIELE	IM	WERDEN	WIRD	

Junge Leute haben die Möglichkeit, ein Jahr (1)...................... einen Freiwilligendienst in sozialen Bereichen zu machen. (2)...................... Deutschland wurde das vom Staat schon 1964 (3)...................... Gesetz verankert, in Österreich ein paar Jahre (4)...................... Dieser Dienst nennt sich Freiwilliges Soziales Jahr (FSJ). Es (5)...................... als soziales Bildungsjahr gesehen und die Jugendlichen (6)...................... zum Beispiel in Altenheimen, Behinderteneinrichtungen, Krankenhäusern und (7)...................... sozialen Einrichtungen beschäftigt. Man kann das FSJ (8)...................... im kulturellen Bereich machen, wie in Theatern und (9)......................, in Sportvereinen oder auch mit Kindern, zum (10)...................... in Kindergärten oder Jugendklubs. Seit ein (11)...................... Jahren kann man das Jahr auch als (12)...................... Ökologisches Jahr machen und damit im Bereich (13)......................- und Umweltschutz tätig sein. Während des Jahres (14)...................... man Taschengeld sowie Unterkunft und Verpflegung. Durch den Dienst (15)...................... erreicht, dass die Freiwilligen ihre eigenen Fähigkeiten zu (16)...................... lernen und Engagement für ihre Mitmenschen zeigen, (17)...................... sie etwas für das Gemeinwohl tun.

Zudem (18)...................... man sich natürlich bei anderen Wohltätigkeitsorganisationen und (19)...................... bei kurzfristigen Hilfsprojekten freiwillig melden. Es gibt (20)...................... große und kleine Wohltätigkeitseinrichtungen (wie das Teemobil (21)...................... Schülerbuch), die sich bestimmt immer über Mithilfe (22)...................... Dabei kann man nicht nur wertvolle soziale (23)...................... leisten, sondern auch helfen, Spenden zu sammeln. Die (24)...................... Initiativen und Organisationen beantragen zwar Fördergelder vom (25)...................... oder von der Gemeinde, verlassen sich aber (26)...................... darauf, dass Bürger spenden, um ihre (27)...................... Kosten zu decken. Dafür werden häufig Wohltätigkeitskonzerte (28)......................-basare veranstaltet oder auch Sponsorenläufe.

3 Grammatik unter der Lupe

Pronominaladverbien (auch: Präpositionaladverbien)

Manche Verben werden immer zusammen mit einer Präposition verwendet, z. B. *sich auf etwas verlassen*. Um sich auf eine solche Verbalgruppe beziehen zu können, wird die Präposition mit **da(r)-** verbunden, gefolgt von einem Nebensatz.

Hierzu ein Beispiel aus dem Text über Freiwilligenarbeit:

… **verlassen** sich **darauf**, dass Bürger spenden.

So können Sie auch vermeiden, ein Substantiv zu wiederholen (daher die Bezeichnung Pronominaladverbien):

*Eure Hilfe war sehr willkommen. Ich möchte mich **dafür** (= für eure Hilfe) bedanken.*

1 Verbinden Sie die Satzteile zu logischen Sätzen.

a	Der Lehrer hat dafür gesorgt,	**i**	gut angezogen zu sein.
b	Er spricht wenig, weil er Angst davor hat,	**ii**	dass sein Bruder kommt.
c	Ich könnte mich nie daran gewöhnen,	**iii**	einen Fehler zu machen.
d	Bei einem Bewerbungsgespräch muss man darauf achten,	**iv**	bei der Arbeit keinen festen Schreibtisch zu haben.
e	Ich habe vor einem halben Jahr damit angefangen,	**v**	dass alle Schüler die Informationen erhalten.
f	Er wartet darauf,	**vi**	bei diesem Projekt mitzuhelfen.

2 Füllen Sie die Lücken in den folgenden Sätzen mit dem richtigen Pronominaladverb (da(r) + Präposition).

a Ich erinnere mich ...., wie ich zum ersten Mal ins Ausland gefahren bin.

b Er hat sich sehr .... gefreut, eine warme Mahlzeit zu bekommen.

c Es gibt am Wochenende einen Sponsorenlauf im Park und ich möchte .... teilnehmen.

d Er leidet sehr ...., dass er bei der Prüfung durchgefallen ist.

e In dem Artikel geht es ...., die Situation der Obdachlosen in der Stadt zu erklären.

f Ich habe vergessen, ... zu fragen, wann das Konzert beginnt.

g Ich habe nicht .... gerechnet, dass es so viel kostet.

h Ich muss mich .... entschuldigen, dass ich zu spät komme.

i Sie hilft am Wochenende beim Sportverein, weil sie sich .... interessiert.

j Ich habe mich .... geärgert, dass es im Urlaub fast die ganze Zeit geregnet hat.

k Ich möchte ins Kino gehen, aber es hängt .... ab, ob ich vorher meine Hausaufgaben fertig habe.

l Weil mich dieses Thema interessiert, würde ich gerne .... diskutieren.

Bei der Fragebildung benutzt man **wo(r)** + **Präposition**. Zum Beispiel:

Womit (= mit was?) *kann ich helfen? − Kannst du bitte die Kleider sortieren?*

Worauf (= auf was?) *wartest du? − Ich warte auf den Bus.*

Aber beachten Sie: Bei Personen benutzt man **Präposition** + **Fragewort**:

Auf wen wartest du? − Ich warte auf meinen Bruder.

Gelegentlich benutzt man auch **hier** + **Präposition**. Zum Beispiel:

Hiermit schicke ich Ihnen mein Bewerbungsformular.

4 Textverständnis

Der Syrer M. Abu Salem lebt seit über 20 Jahren in Deutschland. Als Autor schreibt er viel über seine zweite Heimat. Hier erzählt er die kurze Geschichte von Ahmed, dem Gastarbeiter.

Der Migrant

Ahmed, der Migrant, hat große Sehnsucht nach seiner Heimat und seiner Familie.

Er hat auf der Baustelle gearbeitet, Geld gespart und Geschenke gekauft. Er wartet aufgeregt auf den Tag, an dem er nach Hause gehen kann; man kann sich kaum vorstellen, wie glücklich er auf dem Weg zum Flughafen ist. Er ist ein glücklicher Mann, der alles Glück der Welt mit sich trägt.

Er freut sich auf das Wiedersehen und hat viele Geschichten darüber zu erzählen, was er in Deutschland gesehen und erlebt hat. Von einer so faszinierenden Welt, die anderen Regeln und Werten folgt.

Nach vier Wochen kehrt er zurück, ein sehr trauriger Mann mit gebrochenem Herzen, aus einem Ort, dem du viele Namen geben kannst, aber nicht „Heimat". Seine Rückkehr gleicht der eines Glücksspielers, der alles verloren hat.

„Was ist los, Ahmed?", frage ich ihn. Nach langem Schweigen sagt er weinend: „Ich habe einen neuen Titel. Ich bin dort in meinem Dorf der Emigrant geworden."

So nannten ihn die Leute nun dort. Ein Fremder, der Geld bringt und bald wieder geht.

„Hör zu, mein Freund! Wir wechseln zwischen zwei Welten, der hier und der dort. Wir sind hier Gastarbeiter und jeder Gast wird irgendwann wieder gehen wie er gekommen ist.

Ich bin der Immigrant, der auf dem Weg zu seinen Träumen und Sehnsüchten wandert, der zwischen hier und dort lebt. Ich bin verloren. Ich habe das Maß der Dinge verloren. Hier vermissen wir dort und dort vermissen wir hier. Denn wir haben ja auch hier gelebt und wir haben Erlebnisse und Erinnerungen. Wir leben in einem Sehnsuchtszustand auf dem Weg zwischen zwei Welten. Auf diesem Weg fühlt man sich sesshaft. Auf dem Weg zum Flughafen oder im Zug fühlt man sich zuhause. Ich bin hier der Gastarbeiter und dort der Emigrant, der ab und zu mal kommt und bald wieder geht."

Als Ahmed dies alles gesagt hatte, hat er bitterlich geweint, und ich auch. „Ja, mein Freund, du hast Recht. Du hast genau das gesagt, was ich sagen will oder einmal gefühlt habe."

M. Abu Salem, www.mig-mag.com

5

1   Warum freut sich Ahmed darauf, nach Hause zu fliegen?

   ....

   ....

2   Welche Worte deuten darauf hin?

   ....

   ....

3   Warum mag er es nicht, „Emigrant" genannt zu werden?

   ....

   ....

4   Ahmed fühlt sich nun heimatlos. Warum?

   ....

   ....

5 Wortschatz

Farbassoziationen

1   In der Politik haben Parteien, die die Umwelt als Kernthema haben, immer die Farbe in
   ihren Namen aufgenommen – „**die Grünen**" ist international ein Begriff. Andere politische
   Parteien werden traditionell mit anderen Farben assoziiert. Verbinden Sie die Partei mit
   der Farbe.

   Deutschland:

       die CDU

       die SPD

       die FDP

   Österreich: blau

       die ÖVP   dunkelgrün

       die SPÖ   gelb

       die FPÖ   orange

   Die Schweiz: rot

       die CVP   schwarz

       die SVP

       die FDP

       die SP

2 Wie in jeder Sprache gibt es auch im Deutschen farbbezogene Ausdrücke. Verbinden Sie die hervorgehobenen Ausdrücke mit den Erklärungen aus der Liste.

a Wenn deine Eltern das zerbrochene Fenster entdecken, werden sie **rotsehen**.

b Weil er kein Kleingeld für die U-Bahn hatte, wollte er **schwarzfahren**.

c Die Rosen im Garten sind wunderschön. Du musst **einen grünen Daumen haben**.

d Ob wir Spaghetti oder Penne dazu essen, das ist doch **dasselbe in Grün**!

e Das Wetter ist so schön, dass ich vielleicht heute Nachmittag **blaumachen** werde.

f Ich weiß, dass die Aufgabe nicht einfach ist, aber warum musst du immer **alles grau in grau malen**?

g Das Café ist **nicht** gerade **das Gelbe vom Ei** – sie haben nicht mal eine vernünftige Kuchenauswahl.

h Sie hat uns **grünes Licht** für das Projekt gegeben.

i Mit deiner Bemerkung hast du **ins Schwarze getroffen**.

j Der Aufsatz war nicht sehr gut geschrieben, weil **der rote Faden** fehlte.

k Sie ist noch etwas **grün hinter den Ohren**, wird aber nächstes Mal bestimmt besser spielen.

l Die Familie hat bei dem sonnigen Wetter **eine Fahrt ins Blaue** gemacht.

i Es gibt keinen Unterschied.

ii Ohne bestimmtes Ziel.

iii Wütend sein.

iv Genau das Richtige sagen/machen.

v Ohne zu bezahlen.

vi Erlaubnis.

vii Pessimistisch sein.

viii Der innere Zusammenhang.

ix Gut mit Pflanzen umgehen können.

x Unerfahren.

xi Nichts Besonderes.

xii Ohne guten Grund von der Arbeit wegbleiben.

3 Am Ende dieser Übung haben Sie vielleicht recht, wenn Sie sagen: „**Jetzt wird's mir aber zu bunt!**" Das bedeutet:

A Ich bin verwirrt.

B Das ist zu viel, ich habe genug davon.

C Ich ärgere mich darüber.

D Das ist zu kompliziert.

6 Schriftliche Übungen

1 Deutschland ist für Ahmed im Lesetext oben „eine faszinierende Welt, die anderen Regeln und Werten folgt". Schreiben Sie im Rahmen eines Schulprojekts zu diesem Thema aus Ihrer eigenen Perspektive. Suchen Sie dafür eine geeignete Textsorte aus.

2 Sie interessieren sich für das Freiwillige Ökologische Jahr. Schreiben Sie an die Organisatoren eines Natur- oder Umweltschutzprojekts in Ihrer Gegend. Sie wollen wissen, ob so ein FÖJ dort möglich wäre und welche Voraussetzungen es gibt. Außerdem erklären Sie auch Ihre eigenen Vorstellungen.

Im Schülerbuch hat sich diese Einheit mit der Atomenergie befasst. Hier stehen die anderen Energiequellen im Mittelpunkt.

1 Wortschatz

Energie

1   Die Vokabeln um Energie und Stromerzeugung sind oft allgemein bei mehreren Energiequellen verwendbar, einige sind aber für die jeweilige Energie spezifisch. Ordnen Sie die Wörter den Energiequellen zu.

Bergwerk	Energiepflanzen	Landwirtschaft	Solarzellen	Wellen
Bergbau	Erdgas	Ölfeld	Sonnenkollektoren	Windpark
Biogasanlage	Geothermie	Photovoltaik	unterirdisch	Windturbine
Bohrinsel	Gezeiten	Rotorblatt	Vergärung	Zeche

ERNEUERBAR				
Sonne	Wind	Wasser	Biomasse	Erdwärme

FOSSIL		
Kohle	Öl	Gas

2   Füllen Sie mit den folgenden Wörtern die Lücken in den Sätzen.

Abgase	freigesetzt	Speicherung
Betriebskosten	Klimawandel	Stromverbrauch
Energiewende	nachhaltig	versorgen
Förderung		

a   Gaskraftwerke haben vergleichsweise hohe ....

b   Fossile Brennstoffe gehen irgendwann aus und sind deswegen nicht

....

c   Eine relativ kleine Biogasanlage kann oft eine ganze Gemeinde mit Strom

....

d Die .... bedeutet eine Abkehr von fossilen Rohstoffen sowie Steigerungen beim Energiesparen und der Energieeffizienz.

e Man versucht, die .... aller Kraftwerke immer weiter zu reduzieren.

f Bei Wind- und Sonnenkraftanlagen wird kein CO_2 ....

g Bei erneuerbaren Energien ist die .... des Stroms eine große technische Herausforderung.

h Durch den .... sind die Küstenregionen von einem Anstieg des Meeresspiegels bedroht.

i Die Entwicklung von alternativen Energieträgern ist oft von staatlicher .... abhängig.

j In Deutschland soll der .... bis 2050 zu 80 % durch erneuerbare Energien gedeckt werden.

2 Weiterdenken

Eine These entwickeln

1 Wenn man seinen eigenen Standpunkt erklären will, ist es oft relativ einfach, die Argumente zu formulieren. Aber wenn man eine andere Perspektive einnehmen soll, oder wenn man Gegenargumente sucht, ist es manchmal etwas schwieriger. Alle Energiequellen sind mehr oder weniger umstritten. Es folgen einige Argumente für und gegen bestimmte Energiequellen. Um welche Energiequelle geht es in den folgenden Sätzen? Und ist das ein Argument dafür oder dagegen?

Argument	Energiequelle	für oder gegen?
a Durch Verbrennung dieser Rohstoffe wird viel CO_2 freigesetzt.		
b Wenn wir uns zu sehr darauf verlassen, sind wir von politisch oft instabilen Regionen abhängig.		
c Schon wenige Meter unter der Oberfläche ist genug Wärme vorhanden, um die Heizung in Privathaushalten zu unterstützen.		
d Wenn wir uns davon abwenden, wird die Luftqualität besser.		
e Für Landwirte bringt der Anbau von Energiepflanzen oft mehr Gewinn als der von Nahrungspflanzen.		
f Die ertragreichste nachhaltige Energiequelle steht auf dem Land oder an der Küste zur Verfügung.		
g Diese Ressourcen werden knapp.		

h Wir sind technologisch noch nicht in der Lage, einen Großteil der überschüssigen Energie zu speichern.		
i Ganze Gemeinden werden von hoher Arbeitslosigkeit betroffen, wenn die Bergwerke stillgelegt werden.		
j Die Lebensräume von Vögeln können dadurch gefährdet werden.		

2 Hier finden Sie eine Reihe weiterer Argumente. Ordnen Sie Ihnen die jeweiligen Gründe zu.

a Gaskraftwerke sind relativ billig zu bauen, aber der erzeugte Strom ist teuer, ☐

b Der Treibhauseffekt wird durch freigesetztes CO_2 verstärkt, ☐

c Die Erdölvorräte werden immer teurer und unsicherer, ☐

d Naturschützer sind auch gegen manche erneuerbaren Energien, ☐

e Große Energiekonzerne entwickeln nur langsam alternative Energieformen, ☐

f In der Nähe von Windturbinen protestieren die Anwohner, ☐

g Einige erneuerbare Energiequellen sind weniger effizient und nachhaltig, ☐

h Oft muss Strom aus anderen Quellen hinzugekauft werden, ☐

i weil die Reserven langsam zu Ende gehen.

ii weil sie dafür viel Geld investieren müssen.

iii weil die Rohstoffpreise hoch sind.

iv weil sie diese als Lärmbelästigung empfinden.

v weil viele Länder sich noch auf fossile Brennstoffe verlassen.

vi weil für den aktuellen Bedarf nicht immer genug erneuerbare Energie bereitsteht.

vii weil sie negative ökologische Folgen haben.

viii weil sie staatlich subventioniert werden.

3 Textverständnis

Insbesondere um die Windkraft entstehen immer heftige Debatten. Hier sehen Sie einen Leserkommentar als Antwort auf einen Online-Zeitungsartikel.

10 Mai, 07:54 Uhr
WALTER schreibt:

Verstehen Sie mich nicht falsch – grundsätzlich sind Windräder eine super alternative Stromquelle. Ich bestreite auch gar nicht die Ästhetik und Schönheit *eines* hohen Windrades. Es geht bei der aktuellen Politik jedoch darum, einen so hohen Stromanteil durch Windkraft zu erzeugen, dass viele solcher – einzeln betrachtet schönen – Windräder gebaut werden müssen. Somit entsteht die Verspargelung der Landschaft, und das finde ich wesentlich störender als die bisherigen Stromleitungstrassen. Die deutsche Landschaft wird künftig weitgehend der Stromproduktion geopfert.

Jedes einzelne von diesen Windrädern ist mit senkrechtem Rotorblatt so hoch wie das Münster in Ulm, bekanntlich der höchste Kirchturm der Welt. Und man bräuchte über 400 davon, nur um die Leistung eines einzigen Kohlekraftwerks zu ersetzen. Wer sich nicht vorstellen kann, wie eine brutal verspargelte Landschaft aussieht, der soll einfach mal auf der Autobahn Nürnberg-Berlin durch Sachsen-Anhalt fahren.

Und was passiert bei Windstille oder Sturm? Ja, dann werden die Windräder auch abgeschaltet! Es muss also immer traditionelle Kraftwerke geben, die zur Not schnell hochgefahren werden, damit das Licht nicht ausgeht. Der Strom muss dann ja auch zu Ihnen kommen. Wie denn? Na klar, über die bösen Leitungstrassen.

Obendrein entscheidet man allzu oft, die Windräder zu dicht an Wohngebieten zu errichten. So muss man mit deutlich erhöhtem Lärmaufkommen rechnen – vergleichbar mit einer 4-spurigen Umgehungsstraße ohne Lärmschutz. Die Anwohner müssen teilweise nachts die Fenster schließen, damit sie ungestört schlafen können.

Wenn die Grünen bei ihren eigenen Ideen so kritisch wären, wie sie es bei den Projekten anderer sind, würden sie ihre eigenen Projekte ablehnen! Meinerseits finde ich unter diesen Umständen das Leben auf dem Land nicht mehr so lebenswert. Ich habe mir eine Zweitwohnung in Oldenburg genommen und überlege, ganz dorthin zu ziehen.

Antworten   Neuer Kommentar

1   Im Prinzip ist Walter

A für Windkraft   B gegen Windkraft   C Anhänger der Grünen   D für Kohle

2   Der Wortkern von „Verspargelung" der Landschaft bezieht sich auf

A Ärger   B (Energie) sparen   C eine Gemüsesorte   D Finanzen

3   Walter meint, dass herkömmliche Strommasten schlimmer als Windturbinen sind. Richtig oder falsch? Begründen Sie Ihre Antwort. ....

....

4   Womit vergleicht er den Kirchturm von Ulm? ....

5   Welche Region nennt er als Beispiel für eine unschöne Landschaft? ....

6   Warum werden die Strommaste nicht abgeschafft?

A Weil sie schön sind.   C Weil sie noch für die Stromerzeugung genutzt werden.

B Weil der Abbau zu teuer ist.   D Weil man sie als Klettergerüste benutzt.

7   Warum schließen die Leute nachts die Fenster?

A Damit sie die Windturbinen nicht sehen.   C Damit die Vögel nicht hereinfliegen.

B Damit sie den Verkehr nicht hören.   D Damit sie die Windturbinen nicht hören.

8   Was meinen die Grünen dazu?

A Sie kritisieren Walter.   C Sie sind gegen das Projekt.

B Sie unterstützen das Projekt.   D Sie kritisieren ähnliche Projekte.

9   Suchen Sie zu den Verben aus dem Text ein passendes Synonym. Es gibt mehr Synonyme, als
    Sie brauchen.

a	bestreiten ☐	i	anfertigen	vii	erwägen
b	erzeugen ☐	ii	ausgleichen	viii	in Betrieb nehmen
c	betrachten ☐	iii	bauen	ix	produzieren
d	ersetzen ☐	iv	beschreiben	x	sehen
e	vorstellen ☐	v	denken	xi	leugnen
f	hochfahren ☐	vi	entscheiden	xii	verurteilen
g	errichten ☐				
h	überlegen ☐				
i	ablehnen ☐				

4 Schriftliche Übungen

1   Beantworten Sie Walters Kommentar mit einem Gegenkommentar. Gehen Sie auf seine
    Einwände ein und bringen Sie auch neue Argumente für die Windkraft.

2   Walter schließt sich einer Bürgerinitiative an, die eine Demonstration gegen den Windpark
    plant. Er bietet seine Hilfe bei der Erstellung eines Flugblatts an. Schreiben Sie dieses
    Flugblatt.

3   Schreiben Sie einen Brief an den Gemeinderat, um gegen diese Demonstration zu
    protestieren und um zu verlangen, dass die Stadt die Demonstration untersagt.

4   Nehmen Sie einen anderen Energieträger und versuchen Sie, drei Argumente dafür und drei
    Argumente dagegen zu formulieren und zu begründen.

5 Grammatik unter der Lupe

Der Konjunktiv bei indirekter Rede

Im Schülerbuch lag der Fokus darauf, wie man bei der Berichterstattung direkte Aussagen
indirekt formuliert. Dabei ging es nur um Aussagen zur Gegenwart. Manchmal muss man aber
auch über Aussagen berichten, die die Vergangenheit betreffen.

Dabei gelten folgende Grundsätze:

• In der Vergangenheitsform wird die indirekte Rede mit der Konjunktivform von **haben** oder
  sein + Partizip gebildet.

  z. B. *Er meinte, er habe den Artikel nicht gelesen (oder: dass er den Artikel nicht gelesen habe).*

  Sie sagte, sie sei zur Tagung gegangen (oder: dass sie zur Tagung gegangen sei).

• Im Plural wird jedoch **hätten** verwendet, damit man einen klaren Unterschied zum Indikativ
  (haben) sieht.

z. B. *Die Arbeiter behaupteten, sie hätten von der geplanten Stilllegung der Anlage nichts gewusst (oder: dass sie von der Stilllegung nichts gewusst hätten).*

- Man muss auf die Zeitadverbien in der Vergangenheit achten, zum Beispiel:

Direkte Rede	Indirekte Rede
gestern	am vorigen Tag
letzte Woche	in der vorigen Woche
letztes Jahr	im vorigen Jahr

- Wenn man zum Beispiel über ein Interview berichtet, muss man auch die Fragen indirekt ausdrücken.

  Bei direkten Fragen mit Fragewort (was, wenn, wo usw.) fungiert das Fragewort im Nebensatz als Konjunktion.

  z. B. *Sie fragte: „Wo ist der nächste Windpark geplant?"*

  Sie fragte, wo der nächste Windpark geplant sei.

  Bei direkten Ja/Nein-Fragen verwendet man **ob** als Konjunktion.

  z. B. *Er fragte: „Sind Sie mit dem Regierungsbeschluss einverstanden?"*

  Er fragte, ob er mit dem Regierungsbeschluss einverstanden sei.

1 Formen Sie bei den folgenden Sätzen die direkte Rede in die indirekte Rede um.

a Der Bürgermeister sagte: „Ich habe mich letzte Woche mit den Gegnern des neuen Kraftwerks getroffen." ....

....

b Die Frau fragte den Firmenchef: „Wann haben Sie von dem Plan erfahren?"

....

c Bei der Bürgerversammlung wurde gefragt: „Finden Sie die Subventionen von privaten Haushalten mit Sonnenkollektoren auf dem Dach gerechtfertigt?"

....

....

d Der Bergwerksbetreiber versicherte: „Wir haben letztes Jahr eine neue umweltfreundliche Anlagentechnik entwickelt." ....

....

e Der Journalist fragte: „Sind Sie gestern zum Berliner Treffen mit dem Umweltminister gefahren?"

....

2 Bei der Berichterstattung verwendet man Einleitungsverben wie **sagen** und **fragen**. Wenn man aber in einem längeren Text häufig die indirekte Rede benutzt, sollte man versuchen, diese zwei Grundverben nicht zu oft zu wiederholen. Zur Einleitung von Aussagen haben Sie mehrere andere Möglichkeiten. Verbinden Sie die Verben mit den Anwendungsmöglichkeiten.

a	behaupten	i	um weitere Details zu nennen oder etwas zu verdeutlichen
b	bekanntgeben	ii	wenn man eine zukünftige Handlung oder Entscheidung zusichern will
c	berichten		
d	betonen	iii	um eine persönliche Stellungnahme auszudrücken
e	erklären	iv	wenn man beruhigen will
f	erwidern	v	um die Richtigkeit einer Aussage zu unterstreichen
g	meinen	vi	wenn man etwas Neues ankündigt
h	versichern	vii	um die Wichtigkeit einer Aussage zu unterstreichen
i	versprechen	viii	wenn man ein Ereignis, ein Treffen usw. detailliert schildert
		ix	um zu antworten

3 Bei Fragen ist die Auswahl an Alternativen etwas begrenzter, aber es gibt auch Umformulierungen wie

Auf die Frage, ob …, antwortete er …

Als Antwort auf die Frage, wann …, meinte er …

Lesen Sie jetzt den folgenden Auszug eines Interviews und schreiben Sie die ersten Absätze eines Zeitungsartikels, in dem Sie als Journalist(in) über das Interview berichten. Verwenden Sie *keine* direkte Rede.

Journalist: Herr Professor, Sie sind als führender Experte in der Energiepolitik bekannt. Halten Sie die Energiewende für notwendig?

Hans Dehmel: Ja, klar. Auch vor Fukushima haben wir uns in Deutschland längst dazu verpflichtet. Der Prozess hat sich nur beschleunigt.

J: Sind die Ziele der Energiewende erreichbar? Können wir bis 2050 den Anteil an erneuerbarer Energie auf 80 % steigern?

HD: Die Ziele sind durchaus machbar. Wir sind schon bei über 30 %.

J: Was muss noch gemacht werden, damit man auf Kurs bleibt?

HD: Wir steigen langsam aus der Nutzung der fossilen Brennstoffe aus, aber man muss auch bereit sein, sein Verhalten und seinen Lebensstil zu ändern.

J: Was meinen Sie damit?

HD: Die Energiewende hat auch einen ethisch-moralischen Aspekt. Unser Lebensstil schadet Menschen anderswo auf der Welt und folgenden Generationen auch. Wenn ich zum Beispiel irgendwo hinfahre, überlege ich, ob das mit öffentlichen Verkehrsmitteln möglich ist. Wenn ich neue Küchengeräte kaufe, achte ich auf die Energieeffizienzklasse.

J: Also ist der Einzelmensch, nicht die Regierung, für eine erfolgreiche Energiewende verantwortlich?

HD: Nein, es ist eine Partnerschaft.

J: Welche Probleme sehen Sie?

HD: Es gibt noch viele Herausforderungen, aber keine ist unüberwindbar. Schließlich gibt es keine Alternative. …

Acknowledgements

The authors and publishers acknowledge the following sources of copyright material and are grateful for the permissions granted. While every effort has been made, it has not always been possible to identify the sources of all the material used, or to trace all copyright holders. If any omissions are brought to our notice, we will be happy to include the appropriate acknowledgements on reprinting.

Unit 1.1 'Villa Rot zeigt Ausstellung über Selfies und medialen Ego-Kult' by Claudia Reicherter, published 29 March 2016, reproduced with the permission of Südwest Presse; Unit 1.4 'Einen Antrag auf Erteilung eines Antragsformulars' by Reinhard Mey, Menschenjunges, Universal Music GmbH; Unit 2.1 extract from *Selam Berlin* by Yadé Kara, used with the permission of Diogenes Verlag AG Zurich, Switzerland; Unit 2.3 'Karneval in Deutschland' DAAD; Unit 2.4 extract from *Homo Faber* by Max Frisch, used with the permission of Suhrkamp Verlag; Unit 3.2 review of *Good bye, Lenin!* by Nani Fux, used from www.artechock.de/film/text/kritik/g/goleni.htm; Unit 3.3 'Festival-Hopping für Fortgeschrittene: Drei Monate Wahnsinn' by Oliver Lück, 1 November 2011, used with the permission of Spiegel Online GmbH; Unit 4.1 'Cybermobbing – Was kann ich dagegen tun?' used with the permission of Saferinternet.at; Unit 4.2 'Jugend' by Lisa Südecum, Süddeutsche Zeitung from Jetzt Magazin; Unit 4.3 'ADHS – Was bedeutet das?' by Bundeszentrale für gesundheitliche Aufklärung; Unit 4.4 'Darf man Säuglinge aus dem Land schicken?' by Doron Rabinovici, 21 October 2010, reproduce with the permission of Axel Springer Syndication GmbH; Unit 5.1 'Weltumrundung der Jeans' by Tobias Trattler in Die Presse; Unit 5.1 extract from *Wenn ich bei euch wär* by Herbert Günther, used with the permission of dtv Verlagsgesellschaft mbH & Co. KG.; Unit 5.3 'Der migrant' in Mig Mag http://www.mig-mag.com/sprache-und-migration-der-migrant.html

Thanks to the following for permission to reproduce images:
Cover: Kathrin Ziegler/Getty Images; Inside: Royal Selfie by Alison Jackson, Artist, London www.alisonjackson.com; Clu/ Getty Images; Ollo/ Getty Images; WDR/X-FILME/THE KOBAL COLLECTION/KLEIN, CONNY; Peter Dazeley/ Getty Images; AntonioGuillem/Getty Images; Thomas Barwick/ Getty Images; Highwaystarz-Photography/ Getty Images; Southerlycourse/ Getty Images